KB211844

주여, 우리를 구원하소서.

그리스도여, 우리를 구원하소서.

주여, 우리를 구원하소서.

일러두기

- 성서 표기와 인용은 『새번역』(2001)을 따르되, 경우에 따라
  『개역개정』(1998)을 따랐습니다.
- 제시된 성서본문은 평일의 경우 세계 성공회 공동체에서 사용하는
  주간성서정과Weekday Eucharistic Lectionary를, 주일의 경우 세계 다양한 교
  단에서 사용하는 개정성서정과Revised Common Lectionary를 따랐습니다.

『주여, 우리를 구원하소서』를 펴내며

그리스도인들은 구원을 이야기할 때 십자가의 고난만을 언급하지 않습니다. 물론 자주 그렇게 들릴 수도 있지만 말입니다. 구원을 이야기할 때 그들은 성금요일과 부활, 십자가 사건과 부활 사건을 둘러싼 일련의 사건 전체를 마음에 둡니다. 이 일련의 사건을 넘어 사도 바울이 이야기한 새로운 세계, 새로운 창조가 일어납니다. 예수의 십자가 고난은 이 세계에서도 가장 추악한 자리 한복판에 거룩하신 창조주께서 임하시는 기반을 닦는 사건이라고 말할 수 있습니다. 그 자리에 가능성으로 있던 것들이 세워지고 현실화됩니다. 우리가 우리 자신 안에 우리 스스로 받아들인 지옥과도 같은 소외의 무게를 다 더한다 하더라도 주님의 영원한 사랑을 부수기에는 충분치 않음을 알게 될 때 우리의 눈은 열려 그분의 사랑이 어떻게 우리를 새로이 만들어가는지를 보고 이해하게 됩니다.

— 로완 윌리엄스

『주여, 우리를 구원하소서』는 독자 여러분들이 사순절기와 부활절을 충실하고도 깊이 보내실 수 있도록 비아가 준비한 묵상집 겸 기도노트입니다.

사순절기는 재의 수요일로부터 시작해 부활 밤에 이르는 40일간의 절기를 일컫는 말입니다. 이 기간은 주님께 자비를 구하고 이웃에게는 자비를 행하며 스스로의 몸과 마음을 다잡아 기도하는 시간입니다. 사순절기는 예수의 고난과 죽음, 부활이라는 핵심 요소를 품고 있기에 교회력 중에서도 가장 중요한 시기로 여겨집니다. 초대교회 시기 그리스도인들은 사순절기를 보내며 그리스도교 신앙이 무엇인지 집중적으로 배우고 되새기곤 했습니다. 새롭게 그리스도교 신앙을 받아들인 이들은 2년 가량의 준비 과정을 거쳐 부활 밤 예식 때 세례를 받았지요. 그러므로 사순절기와 부활절은 기억의 시간, 되새김의 시간, 거듭남의 시간이라 할 수 있습니다. 『주여, 우리를 구원하소서』는 기억, 되새김, 거듭남을 돕는 성서정과와 본문들을 수록하여 독자 여러분께서 그리스도교 신앙의 근원과도 같은 이 절기를 의미있게 보내실 수 있도록 기획되었습니다.

또한 이 책에는 성서 본문과 묵상 글을 중심으로 홀로, 혹은 함께 기도할 수 있도록 돕는 기도문과 '십자가의 길'을 수록했습니다. 특별히 이 책에 수록된 '십자가의 길Stations of the Cross'은 전통적인 14처가 아닌, 성경의 내용에 충실한 15처로 구성되어 있습니다. 독자분들은 주어진 상황에 따라 개인적으로 기도하며 자신의 묵상과 기도를 여백에 직접 손으로 적거나, 다른 이들과 함께 기도드리며 서로의 묵상을 나눌 수도 있을 것입니다. 하루를 시작하는 시간에, 하루를 끝맺는 시간에 홀로, 혹은 함께 기도하는 이 시간은 여러분의 풍성한 영적 양식이 될 것입니다. 이 묵상집 겸 기도노트가 지금까지 비아의 책들이 그래왔듯 신앙의 성숙을 위한 도구로 사용되기를 기도하며, 주님의 사랑과 은혜를 깊이 경험하시기를 소망합니다.

매일기도

매일기도 사용 방법

1. 해당 날짜의 성서구절과 묵상을 미리 읽고, 본기도
   를 찾아둡니다(함께 기도할 때는 인도자를 정합니다).
2. 침묵으로 기도를 시작합니다.
3. 순서에 따라 성서 독서와 묵상 본문을 읽고 잠시
   침묵합니다.
4. 묵상 내용을 '나의 묵상'에 적고, 잠시 침묵합니다.
5. 함께 기도하는 경우, 인도자의 안내에 따라 돌아가
   며 자신이 적은 내용을 나눕니다(내용을 나눌 때, 다
   른 이들의 이야기를 교정하거나 판단하는 태도를 갖지 않
   도록 주의합니다).
6. 잠시 침묵하며 '나의 기도'를 적습니다.
7. 이후 기도문에 따라 기도하고 마칩니다.

✠ 매일기도

이 예식문은 책에 수록된 성서 본문과 묵상글을 더 깊게 만날 수 있도록 돕습니다. 이 예식문과 함께 예식문 뒤편에 수록된 기도문을 자유롭게 활용할 수 있습니다.

함께 기도하는 경우, 인도자는 예식문을 적절히 변경하거나 성가 등을 추가할 수 있습니다.

‡ 시작기도

주님께서 이제 여기에
  우리와 함께 하소서.

기도합시다.

해당 시기에 맞는 본기도를 드립니다.
주별 본기도는 12~15쪽에 있습니다.

‡ 성서독서

해당 날짜의 성서 본문을 읽습니다.
함께 기도하는 경우, 독서자는 다음과 같이 말합니다.

성서말씀은 (　　　　)입니다.

읽은 후 다음과 같이 말합니다.

주님의 말씀입니다.
주님께 감사합니다.

‡ 묵상

해당 날짜의 묵상 글을 천천히 읽습니다.
함께 기도하는 경우, 한 사람이 읽거나 혹은 각자 묵상할 수 있습니다.
묵상을 마치고 나눔의 시간을 가질 수 있습니다.

‡ 사도신경

사도신경으로 신앙을 고백합니다.

‡ 중보기도

기도가 필요한 이들을 떠올리며 기도합니다.

함께 기도하는 경우, 서로의 기도제목을 나눕니다. 사순절기에는 예식문 뒤편의 참회연도(16쪽)를, 부활밤에는 부활 찬송(20쪽)을, 부활절 당일에는 부활송가(19쪽)를 드립니다.

‡ 주의 기도

주의 기도(주기도문)로 기도합니다.

‡ 마침기도

성자 예수 그리스도의 은총과 성부의 사랑과 성령께서
이루어주시는 친교가 우리와 항상 함께 하소서.

아멘.

✠ 본기도와 다른 기도들

‡ 본기도

재의 수요일부터 사순 1주일 전까지

손수 만드신 모든 것을 지극히 사랑하시는 주님, 주님께서는 뉘우쳐 회개하는 이들을 용서하시는 분이시니, 우리가 진심으로 죄를 통회하여 탐욕과 어리석음과 교만과 위선을 버리고 그리스도를 통하여 온전한 구원에 이르게 하소서.

사순 1주간

우리를 위해 광야에서 사십 일을 금식하신 주님, 우리도 주님을 따라 성령의 도우심으로 세상의 유혹을 이겨 마침내 주님의 거룩하고 의로우심을 닮게 하소서.

사순 2주간

사랑이신 주님, 우리를 극진히 사랑하시어 우리를 위한 구원의 신비를 시작하셨으니, 시작하신 그 일을 멈추지 마시고 우리를 끝까지 이끄시어 우리가 주님의 길을 바르게 걸어가게 하소서.

사순 3주간

주여, 우리의 부르짖음을 들으시고, 우리의 목마름을 채우시며, 우리에게 씌워진 종의 굴레를 벗기소서. 우리를 죄악에서 건지시고, 성령의 인도하심을 따라 주께서 약속하신 땅에 이르게 하소서.

사순 4주간

만물을 새롭게 하시는 주님, 우리의 연약함을 은혜로 채우시어 우리의 삶도 새롭게 하소서. 그리하여 우리의 삶이 주님의 영광을 드러내는 삶이 되게 하소서.

사순 5주간

독생 성자를 우리에게 보내시어 십자가 수난으로 생명의 길을 여신 성부여, 구하오니, 우리가 모든 어둠의 권세를 이기고 주님께서 열어주신 생명의 길로 담대히 나아가게 하소서.

고난주일부터 성주간 수요일까지

종의 모습을 취하여 성부께 죽기까지 순종하신 주님, 우리가 당신의 마음을 깨달아 겸손과 온유와 사랑을 본받게 하시고, 우리도 영광스러운 부활에 참여하게 하소서.

성 목요일

잡히시던 날 밤 제자들을 불러 빵과 잔을 나누신 주님, 우리에게도 은총을 베푸시어 우리가 주께서 주시는 빵과 잔을 나눌 때 모든 죄악에서 벗어나게 하시고, 새롭게 세우신 계명을 따라 살게 하소서.

성 금요일

주께서 고통 받으시고 십자가에 달리실 때 외면한 많은 사람이 우리임을 고백합니다. 그러나 주님, 뉘우치며 회개하는 우리를 용서하시고 당신의 자녀로 삼아주소서. 그리하여 우리가 십자가 고난을 외면하지 않도록 용기를 더하소서.

성 토요일

모든 생명의 주인이신 주님, 우리가 부활하시는 주님을 기다리오니, 주님 부활하실 때 우리도 그 부활에 동참하여 새로워지게 하소서.

부활절

죽음을 이기고 부활하신 주님, 당신께서 여신 생명의 문에 우리가 들어가도록 우리로 하여금 세상의 것들을 내려놓고 새로운 삶을 살아가게 하소서.

‡참회 연도

지극히 거룩하시고 자비로우신 성부여,

우리는 주님과 우리 서로에게, 또 하늘과 땅에 있는 모든 성도들에게, 생각과 말과 행실로 저지른 죄와 해야 할 의무를 소홀히 한 죄를 고백하나이다.

주여, 우리를 불쌍히 여기소서.

우리는 마음과 정성을 다해 주님을 사랑하지 않았고, 이웃을 사랑하지 않았으며, 남을 용서하지 못했나이다.

주여, 우리를 불쌍히 여기소서.

우리는 서로 섬기라 하신 주님의 명령에 무관심하였고, 그리스도의 뜻에 진실하지 못했나이다.

주여, 우리를 불쌍히 여기소서.

우리는 불충하고 교만하고 위선적이었으며, 참을성이 없었고, 자신의 욕망대로 살며 사리사욕을 채우기에 급급했나이다.

주여, 우리의 잘못을 고백하나이다.

우리는 세상 안락과 평안만을 위해 살았고, 일상생활에서 정직하지 못했으며, 기도와 예배를 게을리 하고 마음속에 믿음을 세우는 일에 소홀히 했나이다.

주여, 우리의 잘못을 고백하나이다.

주여, 회개하오니, 우리는 이웃에게 자비심이 없었고, 편견을 가지고 생각이 다른 이들을 경멸했나이다.

주여, 우리의 회개를 받아주소서.

우리가 이웃의 궁핍과 고통을 돌보지 않았으며, 불의와 폭력에 무관심하고 주님의 창조물을 훼손하고 낭비하여 후손들을 배려하지 않았나이다.

주여, 우리의 회개를 받아주소서.

주여, 진노하심을 거두시어 우리를 새롭게 하시고, 구원의 역사가 우리 가운데서 이루어져 주님의 영광이 이 세상에 드러나게 하소서.

주여, 우리의 기도를 들어주소서.

성자 예수 그리스도의 십자가 수난을 통하여 우리가 주님
을 믿는 모든 이들과 함께 부활의 영광과 기쁨에 참여하
게 하소서.

주여, 우리의 기도를 들어주소서.

전능하신 주님,

주께서는 진실로 회개하고 복음을 믿는

모든 이들을 용서하시나이다.

이제 우리가 진실로 회개하며

성령 받기를 간구하오니,

우리의 모든 잘못을 용서하시고

우리의 삶을 정결하고 거룩하게 하시어,

마지막 날에 영원한 기쁨에 참여하게 하소서.

우리 주 예수 그리스도의 이름으로 기도하나이다.

아멘.

‡ 부활송가

할렐루야! 유월절 어린양이신 그리스도께서 희생되셨으니,

　이제 우리는 이 절기를 지킵시다.

부정과 악습의 묵은 누룩을 깨끗이 치우고

　순결과 진실의 새 빵을 가지고 지킵시다.

부활하신 그리스도께서는 다시 죽는 일이 없고

　죽음이 다시는 그분을 이기지 못할 것입니다.

주님은 단 한번 죽으심으로써 죄의 권세를 꺾으셨고

　부활하시어 거룩하신 아버지를 위하여 살아 계십니다.

이제 우리도 예수와 함께 죽어 죄의 권세에서 벗어나

　그분을 섬기며 살아야 합니다.

그리스도께서는 죽은 자들 가운데서 살아나셔서

　죽었다가 부활한 첫 사람이 되셨습니다.

죽음이 한 사람으로 말미암아 온 것처럼

　죽은 자의 부활도 한 사람으로 말미암아 왔습니다.

아담으로 인해 모든 사람이 죽은 것과 마찬가지로

　그리스도 안에서 모든 사람이 살게 될 것입니다. 할렐루야!

영광이 성부와 성자와 성령께

　처음과 같이 지금도 그리고 영원히, 아멘.

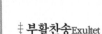

‡ 부활찬송 Exultet

이 노래는 부활밤, 부활절 당일에 할 수 있습니다.

노래를 하기 전 초를 하나 켭니다.

이제 기뻐하라.

하늘나라의 모든 천군의 무리와 노래하는 천사들이여,

우리 전능하신 임금의 승리를,

우렁찬 나팔소리로 구원을 외쳐라.

이제 기뻐하며 노래하라. 이 세상의 모든 만물이여,

우리의 영원하신 왕께서 어둠을 몰아내셨으니

찬란한 광채로 빛을 발하라.

이제 기뻐하며 즐거워하라. 세상의 모든 교회여,

부활하신 주님의 빛이 교회를 가득 채웠으니,

모든 백성들아, 찬양을 드높이 울려라.

눈으로 볼 수 없는 전능하신 성부와

독생 성자 우리 주 예수 그리스도를

마음과 뜻을 다하여 소리 높여 찬양함은
참으로 마땅하고 옳은 일이로다.

유월절 희생양이신 그리스도께서는
아담의 죗값을 치르시고 그의 피로 우리를 구원하셨으며,
우리 조상 이스라엘 자손들을 이집트 속박에서
불러내시어 홍해를 갈라 마른 땅으로 건너게 하셨도다.

모든 그리스도를 믿는 이들이 죄악의 어둠에서 벗어나
은혜롭고 거룩한 생명을 되찾은 이 날,
그리스도께서 죽음과 지옥의 사슬을 끊고,
무덤에서 승리하여 부활하심을 기뻐하여라.

오, 기묘하고 헤아릴 수 없도다.
우리에게 베푸신 주님의 자비와 사랑,
보잘것없는 종을 구하시려
그 아들을 죽음에 넘겨주셨도다.

거룩하여라, 부활의 이 날!
악은 사라지고 죄가 씻어졌으며,

죄인에게는 용서를, 우는 이에게 기쁨을 주시며,
교만과 미움을 쫓고 평화와 일치를 가져다 준
오늘이로다.

복되어라 부활의 이 날! 하늘과 땅이 결합되고,
인간이 주님과 화해하는 밤이로다.

거룩하신 주여,
주님의 영광을 찬양하는 이 노래를 받아주시고,
주님의 빛이 어둠을 몰아내게 하소서.

지지 않는 샛별이신 그리스도여,
모든 창조물에게 빛을 주시는 이여,
결코 꺼지지 않는 빛이 되소서.

주님은 영원히 다스리시고 주관하시나이다.
아멘.

십자가의 길
Stations of the Cross

묵상 전 기도

우리를 위해 죽으신 주님,
주께서는 죽으심으로 우리를 자녀 삼아 주셨나이다.
비오니, 십자가에서 죽으시고 묻히심을
기억하며 드리는 이 기도를 통하여
우리가 은총을 입었음을 깨닫게 하소서.
우리 주 예수 그리스도의 이름으로 기도하나이다.
아멘.

I

예수, 겟세마네에서 괴로워하시다
(마 26:36~36 / 막 14:32~42 / 눅 22:39~46)

"그러나 내 뜻대로 하지 마시고, 아버지의 뜻대로 해주십시오."

그 때에 예수께서 제자들과 함께 겟세마네라고 하는 곳에 가서, 그들에게 말씀하셨다. "내가 저기 가서 기도하는 동안에, 너희는 여기에 앉아 있어라." 그리고 베드로와 세베대의 두 아들을 데리고 가서, 근심하며 괴로워하기 시작하셨다. 그 때에 예수께서 그들에게 말씀하셨다. "내 마음이 괴로워 죽을 지경이다. 너희는 여기에 머무르며 나와 함께 깨어 있어라." 예수께서는 조금 더 나아가서, 얼굴을 땅에 대고 엎드려서 기도하셨다. "나의 아버지, 하실 수만 있으시면, 이 잔을 내게서 지나가게 해주십시오. 그러나 내 뜻대로 하지 마시고, 아버지의 뜻대로 해주십시오." 그리고 제자들에게 와서 보시니, 그들은 자고 있었다. 그래서 베드로에게 말씀하셨다. "이렇게 너희는 한 시간도 나와 함께 깨어 있을 수 없느냐? 시험에 빠지지 않도록, 깨어서 기도하여라. 마음은 원하지만, 육신이 약하구나!" 예수께서 다시 두 번째로 가서, 기도하셨다. "나의 아버지, 내가 마시지 않고서는 이 잔이 내게서 지나갈 수 없는 것이면, 아버지의 뜻대로 해주십시오." 예수께서 다시 와서 보시니, 그들은 자고 있었다. 그들은 너무 졸려서 눈을 뜰 수 없었던 것이다. 예수께서는 그들을 그대로 두고 다시 가서, 또 다시 같은 말씀으로 세 번째로 기도하셨다. 그리고 제자들에게 와서, 그들에게 말씀하셨다. "이제 남은 시간은 자고 쉬어라. 보아라, 때가 이르렀다. 인자가 죄인들의 손에 넘어간다. 일어나서 가자. 보아라, 나를 넘겨줄 자가 가까이 왔다." (마 26:36~46)

II

예수, 체포 당하시다
(마 26:47~56 / 막 14:43~50 / 눅 22:47~53 / 요. 18:3~12)

"내가 입을 맞추는 사람이 바로 그 사람이니, 그를 잡으시오."

예수께서 아직 말씀하고 계실 때에, 열두 제자 가운데 하나인 유다가 왔다. 대제사장들과 백성의 장로들이 보낸 무리가 칼과 몽둥이를 들고 그와 함께 하였다. 그런데 예수를 넘겨줄 자가 그들에게 암호를 정하여 주기를 "내가 입을 맞추는 사람이 바로 그 사람이니, 그를 잡으시오" 하고 말해 놓았다. 유다가 곧바로 예수께 다가가서 "안녕하십니까? 선생님!" 하고 말하고, 그에게 입을 맞추었다. 예수께서 그에게 "친구여, 무엇 하러 여기에 왔느냐" 하고 말씀하시니, 그들이 다가와서, 예수께 손을 대어 붙잡았다. 그 때에 예수와 함께 있던 사람들 가운데 한 사람이 손을 뻗쳐 자기 칼을 빼어, 대제사장의 종을 내리쳐서, 그 귀를 잘랐다. 그 때에 예수께서 그에게 말씀하셨다. "네 칼을 칼집에 도로 꽂아라. 칼을 쓰는 사람은 모두 칼로 망한다. 너희는, 내가 나의 아버지께, 당장에 열두 군단 이상의 천사들을 내 곁에 세워 주시기를 청할 수 있다고 생각하지 않느냐? 그러나 그렇게 되면, 이런 일이 반드시 일어나야 한다고 한 성경 말씀이 어떻게 이루어지겠느냐?" 그 때에 예수께서 무리에게 말씀하셨다. "너희는 강도에게 하듯이, 칼과 몽둥이를 들고 나를 잡으러 왔느냐? 내가 날마다 성전에 앉아서 가르치고 있었건만, 너희는 내게 손을 대지 않았다. 그러나 이 모든 일을 이렇게 되게 하신 것은, 예언자들의 글을 이루려고 하신 것이다." 그 때에 제자들은 모두, 예수를 버리고 달아났다. (마 26:47~56)

III

예수, 산헤드린 의회에 끌려가시다
(마 26:57~68, 막 14:53~65, 눅 22:54~55, 63~71, 요 18:12~14, 19~24)

"그는 사형을 받아야 합니다."

예수를 잡은 사람들은 그를 대제사장 가야바에게로 끌고 갔다. 거기에는 율법학자들과 장로들이 모여 있었다. 그런데 베드로는 멀찍이 떨어져서 예수를 뒤따라 대제사장의 집 안마당에까지 갔다. 그는 결말을 보려고 안으로 들어가서, 하인들 틈에 끼여 앉았다. 대제사장들과 온 공의회가 예수를 사형에 처하려고, 그분을 고발할 거짓 증거를 찾고 있었다. 많은 사람이 나서서 거짓 증언을 하였으나, 쓸 만한 증거는 얻지 못하였다. 그런데 마침내 두 사람이 나서서 말하였다. "이 사람이 성전을 허물고, 사흘 만에 세울 수 있다고 하였습니다." 그러자, 대제사장이 일어서서, 예수께 말하였다. "이 사람들이 그대에게 불리하게 증언하는데도, 아무 답변도 하지 않소?" 그러나 예수께서는 잠자코 계셨다. 그래서 대제사장이 예수께 말하였다. "내가 살아 계신 주님을 걸고 그대에게 명령하니, 우리에게 말해 주시오. 그대가 그분의 아들 그리스도요?" 예수께서 그에게 말씀하셨다. "당신이 말하였소. 그러나 내가 당신들에게 다시 말하오. 이제로부터 당신들은, 인자가 권능의 보좌 오른쪽에 앉아 있는 것과, 하늘 구름을 타고 오는 것을, 보게 될 것이오." 그 때에 대제사장은 자기 옷을 찢고, 큰 소리로 말하였다. "그가 주님을 모독하였소. 이제 우리에게 이 이상 증인이 무슨 필요가 있겠소? 보시오, 여러분은 방금 주님을 모독하는 말을 들었소. 여러분의 생각은 어떠하오?" 그러자 그들이 대답하였다. "그는 사형을 받아야 합니다." (마 26:57~66)

IV

예수, 베드로에게 부인당하시다
(마 26:69~75 / 막 14:66~72 / 눅 22:56~62 / 요 18:15~18, 25~27)

"나는 그 사람을 알지 못하오."

베드로가 예수께 말하였다. "비록 모든 사람이 다 주님을 버릴지라도, 나는 절대로 버리지 않겠습니다." 예수께서 그에게 말씀하셨다. "내가 진정으로 네게 말한다. 오늘 밤에 닭이 울기 전에, 네가 세 번 나를 모른다고 할 것이다." 베드로가 예수께 말하였다. "주님과 함께 죽는 한이 있을지라도, 절대로 주님을 모른다고 하지 않겠습니다." 그리고 다른 제자들도 모두 그렇게 말하였다. ... 베드로가 안뜰 바깥쪽에 앉아 있었는데, 한 하녀가 그에게 다가와서 말하였다. "당신도 저 갈릴리 사람 예수와 함께 다닌 사람이네요." 베드로는 여러 사람 앞에서 부인하였다. "나는 네가 무슨 말을 하는지 모르겠다." 그리고서 베드로가 대문 있는 데로 나갔을 때에, 다른 하녀가 그를 보고, 거기에 있는 사람들에게 말하였다. "이 사람은 나사렛 예수와 함께 다니던 사람입니다." 그러자 베드로는 맹세하고 다시 부인하였다. "나는 그 사람을 알지 못하오." 조금 뒤에 거기에 서 있는 사람들이 베드로에게 다가와서 베드로에게 말하였다. "당신은 틀림없이 그들과 한패요. 당신의 말씨를 보니, 당신이 누군지 분명히 드러나오." 그 때에 베드로는 저주하며 맹세하여 말하였다. "나는 그 사람을 알지 못하오." 그러자 곧 닭이 울었다. 베드로는 "닭이 울기 전에, 네가 나를 세 번 부인할 것이다" 하신 예수의 말씀이 생각나서, 바깥으로 나가서 몹시 울었다. (마 26:33~35, 69~75)

V

예수, 빌라도 앞에 서시다
(마 27:1~2, 11~14 / 막 15:1, 2~5 / 눅 23:1~2, 3~5 / 요 18:28~38)

예수께서 한 마디도, 단 한 가지 고발에도 대답하지 않으시니,
총독은 매우 이상히 여겼다.

새벽이 되어서, 대제사장들과 백성의 장로들이 모두 예수를 죽이기로 결의하였다. 그들은 예수를 결박하여 끌고 가서, 총독 빌라도에게 넘겨주었다. 예수께서 총독 앞에 서시니, 총독이 예수께 물었다. "당신이 유대인의 왕이오?" 그러나 예수께서는 "당신이 그렇게 말하고 있소" 하고 말씀하셨다. 예수께서는 대제사장들과 장로들이 고발하는 말에는 아무 대답도 하지 않으셨다. 그 때에 빌라도가 예수께 말하였다. "사람들이 저렇게 여러 가지로 당신에게 불리한 증언을 하는데, 들리지 않소?" 예수께서 한 마디도, 단 한 가지 고발에도 대답하지 않으시니, 총독은 매우 이상히 여겼다. (마 27:1~2, 11~14)

VI

예수, 채찍을 맞고 가시 면류관을 쓰시다
(마 27:27~31 / 막 15:16~20 / 요 19:1~3)

그들은 그에게 침을 뱉고, 갈대를 빼앗아서, 머리를 쳤다.

총독의 병사들이 예수를 총독 관저로 끌고 들어가서, 온 부대를 다 그의 앞에 불러모았다. 그리고 예수의 옷을 벗기고, 주홍색 걸침 옷을 걸치게 한 다음에, 가시로 면류관을 엮어 그의 머리에 씌우고, 그의 오른손에 갈대를 들게 하였다. 그리고 그분 앞에 무릎을 꿇고, "유대인의 왕 만세!" 하고 말하면서 그를 희롱하였다. 또 그들은 그에게 침을 뱉고, 갈대를 빼앗아서, 머리를 쳤다. 이렇게 희롱한 다음에, 그들은 주홍 옷을 벗기고, 그의 옷을 도로 입혔다. 그리고 십자가에 못박으려고, 그를 끌고 나갔다. (마 27:27~31)

VII

예수, 십자가를 지시다
(마 27:31, 33~34 / 막 15:20, 22 / 요 19:17)

예수께서 십자가를 지시고 '해골'이라 하는 데로 가셨다.

예수께서 십자가를 지시고 '해골'이라 하는 데로 가셨다.

그 곳은 히브리 말로 골고다라고 하였다. (요 19:17)

VIII

예수, 시몬의 도움을 받으시다
(마 27:32 / 막 15:21 / 눅 23:26)

강제로 예수의 십자가를 지고 가게 하였다.

그들은 나가다가, 시몬이라는 구레네 사람을 만나서,

강제로 예수의 십자가를 지고 가게 하였다. (마 27:32)

IX

예수, 예루살렘의 여인들을 만나시다
(눅 23:27~31)

나무가 푸른 계절에도 사람들이 이렇게 하거든,
하물며 나무가 마른 계절에야 무슨 일이 벌어지겠느냐?

백성들과 여자들이 큰 무리를 이루어서 예수를 따라 가고 있었는데, 여자들은 예수를 생각하여 가슴을 치며 통곡하였다. 예수께서 여자들을 돌아다보시고 말씀하셨다. "예루살렘의 딸들아, 나를 두고 울지 말고, 너희와 너희 자녀를 두고 울어라. 보아라, '아이를 배지 못하는 여자와, 아이를 낳아 보지 못한 태와, 젖을 먹여 보지 못한 가슴이 복되다' 하고 사람들이 말할 날이 올 것이다. 그 때에, 사람들이 산에다 대고 '우리 위에 무너져 내려라' 하며, 언덕에다 대고 '우리를 덮어 버려라' 하고 말할 것이다. 나무가 푸른 계절에도 사람들이 이렇게 하거든, 하물며 나무가 마른 계절에야 무슨 일이 벌어지겠느냐" (눅 23:27~31)

X

예수, 십자가에 달리시다
(마 27:35~43 / 막 15:24~32 / 눅 23:33~38 / 요 19:18~24)

그의 머리 위에는 "이 사람은 유대인의 왕 예수다"
이렇게 쓴 죄패를 붙였다.

그들은 예수를 십자가에 못박고 나서, 제비를 뽑아서, 그의 옷을 나누어 가졌다. 그리고 거기에 앉아서, 그를 지키고 있었다. 그리고 그의 머리 위에는 "이 사람은 유대인의 왕 예수다" 이렇게 쓴 죄패를 붙였다. (마 27:35~37)

XI

예수, 회개하는 자에게 하느님 나라를 약속하시다
(눅 23:39~43)

"주님의 나라에 들어가실 때에, 나를 기억해주십시오."

예수와 함께 달려 있는 죄수 가운데 하나도 그를 모독하며 말하였다. "너는 그리스도가 아니냐? 너와 우리를 구원하여라." 그러나 다른 하나는 그를 꾸짖으며 말하였다. "똑같은 처형을 받고 있는 주제에, 너는 그분이 두렵지도 않으냐? 우리야 우리가 저지른 일 때문에 그에 마땅한 벌을 받고 있으니 당연하지만, 이분은 아무것도 잘못한 일이 없다." 그리고 나서 그는 예수께 말하였다. "예수님, 주님이 주님의 나라에 들어가실 때에, 나를 기억해 주십시오." 예수께서 그에게 말씀하셨다. "내가 진정으로 네게 말한다. 너는 오늘 나와 함께 낙원에 있을 것이다." (눅 23:39~43)

XII

예수, 사랑하는 제자에게 어머니를 맡기시다
(마 27:55~56 / 막 15:40~41 / 눅 23:49 / 요 19:25~27)

"자, 이분이 네 어머니시다."

예수의 십자가 곁에는 예수의 어머니와 이모와 글로바의 아내 마리아와 막달라 사람 마리아가 서 있었다. 예수께서는 자기 어머니와 그 곁에 서 있는 사랑하는 제자를 보시고, 어머니에게 "어머니, 이 사람이 어머니의 아들입니다" 하고 말씀하시고, 그 다음에 제자에게는 "자, 이분이 네 어머니시다" 하고 말씀하셨다. 그 때부터 그 제자는 그를 자기 집으로 모셨다. (요 19:25~27)

XIII

예수, 숨을 거두시다
(마 27:45~52, 54 / 막 15:33~38 / 눅 23:44~47 / 요 19:28~30)

"이 사람은 참으로 의로운 사람이었다."

어느덧 낮 열두 시쯤 되었는데, 어둠이 온 땅을 덮어서, 오후 세 시까지 계속되었다. 해는 빛을 잃고, 성전의 휘장은 한가운데가 찢어졌다. 예수께서 큰 소리로 부르짖어 말씀하셨다. "아버지, 내 영혼을 아버지 손에 맡깁니다." 이 말씀을 하시고, 그는 숨을 거두셨다. 그런데 백부장은 그 일어난 일을 보고, 하나님께 영광을 돌리며 말하였다. "이 사람은 참으로 의로운 사람이었다."

(눅 23:44~47)

XIV

예수, 무덤에 묻히시다
(마 27:57~61 / 막 15:42~47 / 눅 23:50~56 / 요 19:38~42)

이 사람이 대담하게 빌라도에게 가서,
예수의 시신을 내어 달라고 청하였다.

그 뒤에 아리마대 사람 요셉이 예수의 시신을 거두게 하여 달라고 빌라도에게 청하였다. 그는 예수의 제자인데, 유대 사람이 무서워서, 그것을 숨기고 있었다. 빌라도가 허락하니, 그는 가서 예수의 시신을 내렸다. 또 전에 예수를 밤중에 찾아갔던 니고데모도 몰약에 침향을 섞은 것을 백 근쯤 가지고 왔다. 그들은 예수의 시신을 모셔다가, 유대 사람의 장례 풍속대로 향료와 함께 삼베로 감았다. 예수가 십자가에 달리신 곳에, 동산이 있었는데, 그 동산에는 아직 사람을 장사한 일이 없는 새 무덤이 하나 있었다. 그 날은 유대 사람이 안식일을 준비하는 날이고, 또 무덤이 가까이 있었기 때문에, 그들은 예수를 거기에 모셨다. (요 19:38~42)

XV

예수, 부활하시다
(마 28:1~10 / 막 16:1~8 / 눅 24:1~12 / 요 20:1~10)

"그분은 여기에 계시지 않고, 살아나셨다.
갈릴리에 계실 때에, 너희들에게 하신 말씀을 기억해 보아라."

이레의 첫날 이른 새벽에, 여자들은 준비한 향료를 가지고 무덤으로 갔다. 그들은 무덤 어귀를 막은 돌이 무덤에서 굴려져 나간 것을 보았다. 그들이 안으로 들어가 보니, 주 예수의 시신이 없었다. 그래서 그들이 이 일을 어떻게 해야 할지를 몰라서 당황하고 있는데, 눈부신 옷을 입은 두 남자가 갑자기 그들 앞에 나섰다. 여자들은 두려워서 얼굴을 아래로 숙이고 있는데, 그 남자들이 그들에게 말하였다. "어찌하여 너희들은 살아 계신 분을 죽은 사람들 가운데서 찾고 있느냐? 그분은 여기에 계시지 않고, 살아나셨다. 갈릴리에 계실 때에, 너희들에게 하신 말씀을 기억해 보아라. '인자는 반드시 죄인의 손에 넘어가서, 십자가에 처형되고, 사흘째 되는 날에 살아나야 한다'고 하셨다." 여자들은 예수의 말씀을 회상하였다. 그들은 무덤에서 돌아와서, 열한 제자와 그 밖의 모든 사람에게 이 모든 일을 알렸다. 이 여자들은 막달라 마리아와 요안나와 야고보의 어머니인 마리아이다. 이 여자들과 함께 있던 다른 여자들도, 이 일을 사도들에게 말하였다. 그러나 사도들에게는 이 말이 어처구니없는 말로 들렸으므로, 그들은 여자들의 말을 믿지 않았다. 그러나 베드로는 일어나서 무덤으로 달려가, 몸을 굽혀서 들여다보았다. 거기에는 시신을 감았던 삼베만 놓여 있었다. 그는 일어난 일을 이상히 여기면서 집으로 돌아갔다. (눅 24:1~12)

묵상 후 기도

주께서 걸으신 십자가의 길은
주님의 자비이며 용서이며 영광임을 기억합니다.
우리는 나약하여 넘어지지만,
우리가 주님의 길을 따라 갈 수 있도록 힘을 주시고,
그리하여 마침내 우리도 이 길 끝에서
부활의 영광에 참여하게 하소서.
우리 주 예수 그리스도의 이름으로 기도하나이다.
아멘.

사순절기의 시작

⛪ 성서정과

사 58:1~12 / 시 51:1~18 / 고후 5:20하-6:10 / 마 6:1~6, 16~21

"내가 기뻐하는 금식은, 부당한 결박을 풀어 주는 것, 멍에의 줄을 끌러 주는 것, 압제받는 사람을 놓아 주는 것, 모든 멍에를 꺾어 버리는 것, 바로 이런 것들이 아니냐?" 또한 굶주린 사람에게 너의 먹거리를 나누어 주는 것, 떠도는 불쌍한 사람을 집에 맞아들이는 것이 아니겠느냐? 헐벗은 사람을 보았을 때에 그에게 옷을 입혀 주는 것, 너의 골육을 피하여 숨지 않는 것이 아니겠느냐? 그리하면 네 빛이 새벽 햇살처럼 비칠 것이며, 네 상처가 빨리 나을 것이다. 네 의를 드러내실 분이 네 앞에 가실 것이며, 주님의 영광이 네 뒤에서 호위할 것이다. 그 때에 네가 주님을 부르면 주님께서 응답하실 것이다. 네가 부르짖을 때에, 주님께서 '내가 여기에 있다' 하고 대답하실 것이다. 네가 너의 나라에서 무거운 멍에와 온갖 폭력과 폭언을 없애 버린다면, 네가 너의 정성을 굶주린 사람에게 쏟으며, 불쌍한 자의 소원을 충족시켜 주면, 너의 빛이 어둠 가운데서 나타나며, 캄캄한 밤이 오히려 대낮같이 될 것이다. 주님께서 너를 늘 인도하시고, 메마른 곳에서도 너의 영혼을 충족시켜 주시며, 너의 뼈마디에 원기를 주실 것이다. 너는 마치 물 댄 동산처럼 되고, 물이 끊어지지 않는 샘처럼 될 것이다. 너의 백성이 해묵은 폐허에서 성읍을 재건하며, 대대로 버려두었던 기초를 다시 쌓을 것이다. 사람들은 너를 두고 "갈라진 벽을 고친 왕!" "길거리를 고쳐 사람이 살 수 있도록 한 왕!"이라고 부를 것이다.

(사 58:6-12)

‡‡ 묵상

전능하시며 가장 자비로우신 아버지,

우리는 잘못을 범해 왔고

잃은 양처럼 아버지의 길에서 벗어났습니다.

우리는 우리 마음의 바람과 욕망을 너무 많이 따랐습니다.

우리는 당신의 거룩한 법을 어겨 왔습니다.

우리는 우리가 해야 하는 일들을 하지 않은 채 내버려 두었고,

우리가 하지 말았어야 했던 일들을 해 왔습니다.

우리 안에는 건강한 것이 없습니다.

하지만 주님, 우리에게, 이 비참한 범법자들에게

자비를 베풀어 주소서.

예수 그리스도, 우리 주 안에서 인류에게 선포하신

당신의 약속을 따라, 자기 잘못을 고백하는 자들에게

피할 길을 허락하소서.

뉘우치는 자들을 회복시켜 주소서.

오 가장 자비로운 주님,

당신을 위하여, 이제부터 우리가 경건하고, 의롭고,

건전한 삶을 살아갈 수 있도록 우리 간구를 들어 주소서.

당신의 거룩하신 이름의 영광을 위하여. 아멘.

— 플레밍 러틀리지

☰ 나의 묵상

✦ 나의 기도

✤ 성서정과

신 30:15~20 / 시 1 / 눅 9:22~25

(예수께서) 말씀하셨다. "인자가 반드시 많은 고난을 받고, 장로들과 대제사장들과 율법학자들에게 배척을 받아 죽임을 당하고서, 사흗날에 살아나야 한다." 그리고 예수께서 모든 사람에게 말씀하셨다. "나를 따라오려는 사람은, 자기를 부인하고, 날마다 자기 십자가를 지고, 나를 따라오너라. 누구든지 제 목숨을 구하려고 하는 사람은 잃을 것이요, 누구든지 나를 위하여 제 목숨을 잃는 사람은 목숨을 구할 것이다. 사람이 온 세상을 얻고도 자기를 잃거나 빼앗기면, 무슨 이득이 있겠느냐?" (눅 9:22~25)

╫ 묵상

십자가는 모든 그리스도인에게 주어져 있습니다.

모든 그리스도인이 경험해야 할 첫 번째 고난은

우리를 이 세상의 속박으로부터 벗어나게 하는 부름입니다.

이는 예수 그리스도를 만남으로써 옛 사람이 죽는 것을 말합니다.

예수를 따르는 이는 예수의 죽음에 참여합니다.

그는 자기 생명을 죽음에 내어줍니다.

제자직은 바로 이렇게 시작됩니다.

십자가는 경건하고 행복한 생활의

끔찍한 최후에 존재하는 것이 아니라,

예수 그리스도와 사귐을 갖기 시작할 때부터 존재합니다.

그리스도의 모든 부름은, 우리를 옛 사람의 죽음으로 인도합니다.

— 디트리히 본회퍼

☰ 나의 묵상

✤ 나의 기도

✠ 성서정과

사 58:1~9상 / 시 51:1~5, 16~18 / 마 9:14~15

선하신 주여, 나를 불쌍히 여기소서. 어지신 분이여, 내 죄를 없애 주소서. 허물을 말끔히 씻어 주시고 잘못을 깨끗이 없애 주소서. 내 죄 내가 알고 있으며 내 잘못 항상 눈 앞에 아른거립니다. 당신께, 오로지 당신께만 죄를 지은 몸, 당신 눈에 거슬리는 일을 한 이 몸입니다. 벌을 내리신들 할 말이 있으리이까? 당신께서 내리신 선고, 천번 만번 옳습니다. 당신은 제물을 즐기지 아니하시며 번제를 드려도 받지 아니하십니다. 주여, 내 제물은 찢어진 마음뿐, 찢어지고 터진 마음을 당신께서 얕보지 아니하시니, 어지신 마음으로 시온을 돌보시어 예루살렘 성벽을 다시 쌓게 하소서. (시 51:1-4, 16-18)

✠ 묵상

당신이 찾아오시기에는, 제 영혼의 집이 옹색합니다.

그러니 당신이 넓혀 주십시오.

무너져가는 집입니다. 그러니 고쳐주십시오.

당신 눈에 거슬릴 것들이 있습니다. 알고 있습니다.

그러나 누가 그 집을 정하게 만들어주겠습니까?

당신 말고 누구를 보고 부르짖겠습니까?

주님, 제 숨겨진 허물에서 저를 깨끗이 해 주소서.

이 당신 종을 너그러이 보아주소서.

주님, 당신은 아십니다.

그러니 당신 자비 앞에 제가 말하게 하소서.

흙이요 먼지인 저의 고백을 허락하소서.

당신 자비에서 오는 위안으로 저를 거두어 주소서.

— 아우구스티누스

⚜ 나의 묵상

✠ 나의 기도

☖ 성서정과

사 58:9하~14 / 시 86:1~7 / 눅 5:27~32

이 일이 있은 뒤 예수께서 그 곳을 떠나 길을 가시다가 레위라는 세리가
세관에 앉아 있는 것을 보시고 "나를 따라오너라" 하셨다. 그러자 그는 모
든 것을 버리고 예수를 따라 나섰다. 레위는 자기 집에서 큰 잔치를 베풀
고 예수를 모셨는데 그 자리에는 많은 세리들과 그 밖에 여러 사람이 함
께 앉아 있었다. 이것을 본 바리사이파 사람들과 그들의 율법학자들은 못
마땅하게 생각하여 예수의 제자들에게 "어찌하여 당신들은 세리와 죄인
들과 어울려 먹고 마시는 것입니까?" 하고 트집을 잡았다. 예수께서 이
말을 들으시고 이렇게 대답하셨다. "건강한 사람에게는 의사가 필요하지
않으나 병자에게는 필요하다. 나는 의인을 불러 회개시키러 온 것이 아니
라 죄인들을 불러 회개시키러 왔다." (눅 5:27~32)

⋕ 묵상

주님, 태만하고 고집스럽고 덜렁대는 당신의 종을 보소서.
인색한 제 마음을 보소서. 당신께는 꼭 해야 할 만큼만 드리고,
당신 사랑에 자신을 낭비하려 하지는 않는 저를 보소서.
마지못해 투덜거리며 세금 내듯 기도하는 저를 보소서.
당신과 이야기하다 그만두고 다른 일을 할 때

즐거워하는 저를 보소서.

저의 일상적이고 평범한 죄는 최악을 감추는 위장일지도 모릅니다.

이기적이고 비겁한 마음, 태만하고 무감각한 마음, 아량이나 관용을

전혀 모르는 마음 ...

넓은 아량과 사랑과 복된 낭비의 주님.

저의 가엾은 마음에 자비를 베푸소서.

성령께서 저의 마음을 바꿔주시도록 이 가련하고 메마른 마음에

당신의 성령을 보내 주소서.

그저 깨어있을 수 있도록 저의 죽은 마음으로 들어와 불타오르소서.

— 칼 라너

⛭ 나의 묵상

✦ 나의 기도

사순
제1주

🏛 성서정과

창 2:15-17, 3:1-7 　　창 9:8-17 　　신 26:1-11
시 32 　　　　　　　　시 25:1-10 　　시 91:1-2, 9-16
롬 5:12-19 　　　　　　벧전 3:18-22 　　롬 10:8-13
마 4:1-11 　　　　　　막 1:9-15 　　　눅 4:1-13

한 사람이 죄를 지어 이 세상에 죄가 들어왔고 죄는 또한 죽음을 불러들인 것같이 모든 사람이 죄를 지어 죽음이 온 인류에게 미치게 되었습니다. 율법을 주시기 전에도 죄는 세상에 있었습니다. 다만 율법이 없었기 때문에 그 죄가 법의 다스림을 받지 않았을 뿐입니다. 그러나 죽음은 아담으로부터 모세에 이르기까지 모든 사람을 지배하였는데 아담이 지은 것과 같은 죄를 짓지 않은 사람들까지도 그 지배를 받았습니다. 그런데 아담은 장차 오실 분의 원형이었습니다. ... 주께서 거저 주시는 은총과 아담의 죄는 그 효과에 있어서 서로 비교가 되지 않습니다. 아담의 경우에는 그 한 사람 때문에 모든 사람이 유죄 판결의 심판을 받게 되었지만 은총의 경우에는 죄지은 많은 사람이 은총을 거저 입어 무죄 판결을 받았습니다. 아담의 범죄의 경우에는 그 한 사람 때문에 죽음이 군림하게 되었습니다. 그러나 은총의 경우에는 한 사람 예수 그리스도의 공로로 풍성한 은총을 입어 주님과 올바른 관계를 거저 얻은 사람들이 생명의 나라에서 왕노릇 할 것입니다. 그러니 주님의 은총의 힘이 얼마나 더 큽니까! 한 사람의 불순종으로 많은 사람이 죄인이 된 것과는 달리 한 사람의 순종

으로 많은 사람이 주님과 올바른 관계를 가지게 될 것입니다. (롬 5:12~14, 16~17, 19)

‡‡ 묵상

인생이라는 여정을 걷다 보면 여러 갈림길과 마주하지만,

근본적으로 선택지는 둘뿐입니다.

우리는 옛 아담의 두려움 속에서 죽음으로 되돌아가느냐,

새로운 아담 안에 있는 사랑과 생명을 좇아 신앙으로 돌아서느냐,

둘 중 하나를 택해야 합니다.

첫 번째 아담이라는 인간에게 모든 소망을 두고

우리가 왔던 곳으로 되돌아가느냐,

새로운 아담, 처음이며 또한 마지막인 그리스도 안에서

새로운 결말을 기대하며 나아가느냐,

둘 중 하나를 택해야 합니다.

그리스도께서는 우리에게 새로운 시작을 주시며

새로운 여정을 가능케 하십니다.

— 마이클 마셜

♒ 나의 묵상

✦ 나의 기도

⛪ 성서정과

레 19:1~2, 11~18 / 시 19:7~14 / 마 25:31~46

그 때에 임금은 왼쪽에 있는 사람들에게도 말할 것이다. "저주받은 자들
아, 내게서 떠나서, 악마와 그 졸개들을 가두려고 준비한 영원한 불 속으
로 들어가라. 너희는 내가 주릴 때에 내게 먹을 것을 주지 않았고, 목마를
때에 마실 것을 주지 않았고, 나그네로 있을 때에 영접하지 않았고, 헐벗
었을 때에 입을 것을 주지 않았고, 병들어 있을 때나 감옥에 갇혀 있을 때
에 찾아 주지 않았다." 그 때에 그들도 이렇게 말할 것이다. "주님, 우리가
언제 주님께서 굶주리신 것이나, 목마르신 것이나, 나그네 되신 것이나,
헐벗으신 것이나, 병드신 것이나, 감옥에 갇히신 것을 보고도 돌보아 드
리지 않았다는 것입니까?" 그 때에 임금이 그들에게 대답하기를 "내가 진
정으로 너희에게 말한다. 여기 이 사람들 가운데서 지극히 보잘 것 없는
사람 하나에게 하지 않은 것이 곧 내게 하지 않은 것이다" 하고 말할 것이
다. 그리하여, 그들은 영원한 형벌로 들어가고, 의인들은 영원한 생명으
로 들어갈 것이다. (마 25:41~46)

╫ 묵상

당신이 함께 있는 사람들을 사랑하고 당신이 사랑하는 사람들과 함
께 있을 때, 당신이 다른 사람들에게 선을 행하고 그들이 당신에게 선

을 행할 때, 그것이 평화입니다. 이것을 평화에 대한 예수의 전망과 결합시켜야 합니다. 예수를 따르는 사람들은 그를 따라 평화에 의해 형성된 나라로 들어갑니다. 하지만 우리는 우리에게 필요한 것을 가지고 있지 않거나, 이미 가진 것을 더 많이 가지려 합니다. 우리는 선을 행하지 않습니다. 예수께서는 거룩하신 아버지의 선한 뜻이 하늘에서 이루어진 것처럼 땅에서도 이루어지는 사회를 꿈꾸셨습니다. 정의롭게 행동하고 사랑의 마음으로 행동하는 사람들에게서 평화가 흘러나옵니다. 오늘날 평화가 주어진다면 그것은 예수를 따르는 사람들이라고 주장하는 사람들에게서 시작되거나 그들을 포함해야 합니다. 예수를 따르려는 사람은 누구나 평화의 왕을 따라야 합니다.

— 스캇 맥나이트

⚱ 나의 묵상

✤ 나의 기도

▦ 성서정과

사 55:10~11 / 시 34:4~6, 21~22 / 마 6:7~15

하늘에서 쏟아지는 비, 내리는 눈이 하늘로 되돌아가지 아니하고 땅을 흠
뻑 적시어 싹이 돋아 자라게 하며 씨뿌린 사람에게 씨앗과 먹을 양식을
내주듯이, 내 입에서 나가는 말도 그 받은 사명을 이루어 나의 뜻을 성취
하지 아니하고는 그냥 나에게로 돌아오지는 않는다. (사 55:10~11)

╪╪ 묵상

우리가 확신할 수 없는, 숨겨진, 이해 불가한, 해결되지 않는 그 어떤
것이 인간의 삶에 있습니다. 이러한 주장은 기이하기도 하고 우리를
불편하게 만듭니다. 이는 우리 자신에 대한 깊은 확신을 할 수 없게
하며 궁극적인 통제력을 잃게 만들기 때문입니다. 그러나 우리 삶의
숨겨진, 이해 불가한, 해결되지 않는 차원은 바로 주님의 목적이 우리
가운데에서 이루어지는 장소입니다. 우리는 그 방식을 알아차릴 수
없습니다. 그러나 우리는 이를 존중하고, 진지하게 받아들여야 합니
다. 주님께서는 이를 통해 우리가 우리를 위해 할 수 있는 것보다 훨
씬 더 많은 일을 하시기 때문입니다. '섭리'는 바로 이 숨겨진 힘을 가
리킵니다. 주님께서는 먼저 보시고, 먼저 아시고, 우리 삶을 인도하
십니다. 이 말은 '운명'과 같지 않으며 별자리에 우리의 삶을 가두는

것도 아닙니다. 주님께서는 우리 삶의 진정한 힘이십니다. 우리의 선한 의도를 담아놓은 그림자나 거울이 아닙니다. 그분의 주도권은 우리가 가장 좋다고 생각하는 것에 반하는 것일 수도 있습니다. 그러나 그리스도인은 이 숨겨진 것에 집중하고, 기꺼이 그분의 인도를 따릅니다.

— 월터 부르그만

✞ 나의 묵상

✦ 나의 기도

🎴 성서정과

욘 3:1~10 / 시 51:1~4, 16~18 / 눅 11:29~32

무리가 모여들 때에, 예수께서 말씀하기 시작하셨다. "이 세대는 악한 세대다. 이 세대가 표징을 구하지만, 이 세대는 요나의 표징 밖에는 아무 표징도 받지 못할 것이다. 요나가 니느웨 사람들에게 표징이 된 것과 같이, 인자 곧 나도 이 세대 사람들에게 그러할 것이다. 심판 때에 남방 여왕이 이 세대 사람들과 함께 일어나서, 이 세대 사람들을 정죄할 것이다. 그 여왕은 솔로몬의 지혜를 들으려고, 땅 끝에서부터 찾아왔기 때문이다. 그러나 보아라, 솔로몬보다 더 큰 이가 여기에 있다. 심판 때에 니느웨 사람들이 이 세대 사람들과 함께 일어나서, 이 세대 사람들을 정죄할 것이다. 그들은 요나의 선포를 듣고 회개했기 때문이다. 그러나, 보아라, 요나보다 더 큰 이가 여기에 있다." (눅 11:29~32)

╪╪ 묵상

우리는 걸신들린 듯 거짓 신에서 또 다른 거짓 신으로, 이 이념에서 저 이념으로, 이 유행에서 또 다른 유행으로, 이 세계관에서 저 세계관으로, 진리라 부르는 이것에서 진리라 부르는 저것으로 지향을 바꿉니다. 이렇게 우리는 안식하지 못한 채, 끊임없이, 참된 안식처이자 진리인 그분, 안정 대신 우리를 궁휼히 여기고 신실함으로 대하는 그분에게서 도망칩니다. 구약에서 신약에 이르기까지 성서가 우리에게 지속적으로 들려주는 이야기는 다른 무엇보다도 바로 저분에 관한 이야기입니다. 이분은 자신을 향해 우리가 방향을 돌이키기를 기다리지 않고 지극한 겸손으로 우리를 향해 몸소 다가오시며 수난을 감내하는 끈질긴 사랑으로 우리를 당신에게로 돌이키게 하십니다. 이 순전한 은총의 활동, 이 철저한 방향의 전환을 성서는 메타노이아 즉 회심, 회개, 거듭남이라고 부릅니다.

— 더글라스 존 홀

♒ 나의 묵상

✛ 나의 기도

🕮 성서정과

스 4:17(12~16), 17(23~25) / 시 138 / 마 7:7~12

오직 한 분이신 나의 주님이시며, 우리의 임금님, 오시어 나를 도와주소서. 나는 홀몸, 당신 외에 아무런 구원자도 나에겐 없습니다. 나의 생명은 지금 위태롭게 되었습니다. 나는 어려서부터 가정에서 이렇게 배웠습니다. 주님, 당신은 모든 민족 중에서 이스라엘을 선택하시고, 모든 민족의 선조들 중에서 우리 선조들을 뽑으시어, 영원히 당신의 백성으로 삼으셨습니다. 그리고 약속하신 대로 우리 선조들을 보살펴 주셨습니다. 주님, 우리를 기억하시고 우리가 고난을 받을 때에 당신을 나타내 보이소서. 모든 신 중의 왕이시며, 모든 권세의 주권자시여, 나에게 용기를 주소서. 내가 사자와 맞설 때에 내 입에서 그 사자를 매혹시킬 말이 나오게 하시어 그의 마음을 돌려서, 우리의 원수를 미워하게 하소서. 그리하여 원수와 그 동조자를 멸망케 하소서. 그리고 당신의 손으로 우리를 구원하소서. 주님 나는 홀몸, 당신뿐이오니, 오셔서 나를 도와주소서. (스 4:17, 공동번역)

✣ 묵상

날마다 다시 하루가 시작되어도, 이렇게 다시 시작하는 것이 어떤 이에게는 쉽고, 아름답고, 희망차게 다가오지만 어떤 이에게는 어려우며, 두려움과 공포로 가득한 것임을 우리는 압니다. 심각한 가난과 빈곤으로 허덕이는 곳에서 어렵게 하루를 시작하는 이들을 기억합니다. 얼마나 많은 사람이 다가오는 하루를 큰 두려움으로 바라보고 있는지요. 오, 주님, 그들 모두와 하나가 되고자 합니다. 하루를 시작하며 당신께서 우리에게 주시는 기쁨을 당신께 바칩니다. 하루를 시작하며 우리가 느낄 수 있는 어려움과 무게 역시 당신께 바칩니다. 오늘 이날을 당신의 성스러운 이름 안에서 시작하여, 성령의 능력 안에서 사는 날이 되게 해 주시고, 당신의 말씀을 받아들이는 하루가 되게 하소서. 아멘.

— 카를로 마르티니

⚱ 나의 묵상

....

....

....

....

✤ 나의 기도

....

....

....

🏛 성서정과

겔 18:21~28 / 시 130 / 마 5:20-26

내가 너희에게 말한다. 너희의 의가 율법학자들과 바리새파 사람들의 의 보다 낫지 않으면, 너희는 하늘나라에 들어가지 못할 것이다. 옛 사람들에게 말하기를 '살인하지 말아라. 누구든지 살인하는 사람은 재판을 받아야 할 것이다' 한 것을 너희는 들었다. 그러나 나는 너희에게 말한다. 자기 형제나 자매에게 성내는 사람은, 누구나 심판을 받는다. 자기 형제나 자매에게 얼간이라고 말하는 사람은, 누구나 공의회에 불려갈 것이요, 또 바보라고 말하는 사람은 지옥 불 속에 던져질 것이다. 그러므로 네가 제단에 제물을 드리려고 하다가, 네 형제나 자매가 네게 어떤 원한을 품고 있다는 생각이 나거든, 너는 그 제물을 제단 앞에 놓아두고, 먼저 가서 네 형제나 자매와 화해하여라. 그런 다음에 돌아와서 제물을 드려라. 너를 고소하는 사람과 함께 법정으로 갈 때에는, 도중에 얼른 그와 화해하도록 하여라. 그렇지 않으면, 고소하는 사람이 너를 재판관에게 넘겨주고, 재판관은 형무소 관리에게 넘겨주어서, 그가 너를 감옥에 집어넣을 것이다. 내가 진정으로 너희에게 말한다. 너희가 마지막 한 푼까지 다 갚기 전에는, 거기에서 나오지 못할 것이다. (마 5:20-26)

╫ 묵상

성령께서 교만과 두려움의 장벽, 다른 이들과 자신을 끊임없이 비교하며 경쟁하는 우리의 장벽을 녹여주시기를 바랍시다. 우리 안에서 타오르는 성령은 언제나 한 분이십니다. 서로 온전히 화해하도록 합시다. 그리스도 예수의 뜻을 따라 모두 한 마음이 되십시오. 그때 비로소 우리는 한마음 한목소리로 주님을 찬미하게 될 것입니다. 이것이 진정 주님의 길을 준비하는 것입니다. 예수의 성령이시여, 모든 방어기제를 녹이시어 활활 불꽃으로 타오르게 하소서.

— 게일 피츠패트릭

╫ 나의 묵상

✤ 나의 기도

⛪ 성서정과

신 26:16~19 / 시 119:1~8 / 마 5:43~48

'네 이웃을 사랑하고, 네 원수를 미워하여라' 하고 말한 것을 너희는 들었다. 그러나 나는 너희에게 말한다. 너희 원수를 사랑하고, 너희를 박해하는 사람을 위하여 기도하여라. 그래야만 너희가 하늘에 계신 너희 아버지의 자녀가 될 것이다. 아버지께서는, 악한 사람에게나 선한 사람에게나 똑같이 해를 떠오르게 하시고, 의로운 사람에게나 불의한 사람에게나 똑같이 비를 내려주신다. 너희를 사랑하는 사람만 너희가 사랑하면, 무슨 상을 받겠느냐? 세리도 그만큼은 하지 않느냐? 또 너희가 너희 형제자매들에게만 인사를 하면서 지내면, 남보다 나을 것이 무엇이냐? 이방 사람들도 그만큼은 하지 않느냐? 그러므로 하늘에 계신 너희 아버지께서 완전하신 것 같이, 너희도 완전하여라. (마 5:43~48)

✠ 묵상

우리는 인간이 어떤 존재이며 어떤 가치를 지니고 있는지만을 생각하는 것이 아니라 그 이상까지 나아가야 합니다. 주님께서는 우리가 하나되고 서로 연합하도록 우리를 세상에 두셨기 때문입니다. 거룩하신 아버지께서는 우리 안에 당신의 형상을 새겨두셨고 공통의 본성을 주셨습니다. 이웃에 대한 돌봄을 하지 않으려 하는 것은 자신을 손상시키는 것이며, 더는 인간이 아니기를 선언하는 것과 다를 바 없습니다. 우리가 인간인 한, 우리는 거울을 보는 것처럼 가난하고, 멸시받고, 지치고, 무거운 짐을 지고 신음하는 이들에게 나타나는 우리의 얼굴을 깊이 묵상해야 합니다. 누가 우리를 향해 오든 그는 인간이므로 우리의 형제이며 이웃임을 비추어 주는 거울을 가지고 옵니다.

— 크리스틴 폴

♯ 나의 묵상

✦ 나의 기도

사순
제2주

⛪ 성서정과

창 12:1~4상	창 17:1~7, 15~16	창 15:1~12, 17~18
시 121	시 22:23~31	시 27
롬 4:1~5, 13~17	롬 4:13~25	빌 3:17~4:1
요 3:1~17	막 8:31~38(9:2~9)	눅 13:31~35(9:28~36)

그러면 육신상으로 우리의 조상인 아브라함이 무엇을 얻었다고 우리가 말할 수 있겠습니까? 아브라함이 행위로 의롭게 되었더라면, 그에게는 자랑할 것이 있었을 것입니다. 그러나 주님 앞에서는 자랑할 것이 없습니다. 성경이 무엇이라고 말합니까? "아브라함이 주님을 믿으니, 그분께서 그를 의롭다고 여기셨다" 하였습니다. 일을 하는 사람에게는 품삯을 은혜로 주는 것으로 치지 않고 당연한 보수로 주는 것으로 생각합니다. 그러나 경건하지 못한 사람을 의롭다고 하시는 분을 믿는 사람은, 비록 아무 공로가 없어도, 그의 믿음이 의롭다고 인정을 받습니다. (롬 4:1~5)

╬ 묵상

주님의 부정과 긍정 아래 서 있지 않은 이,

화해로부터 구원으로 가지 않는 이,

십자가로부터 부활로 가지 않는 이.

자신이 가진 것 가운데 선물이 아닌 것은

하나도 없음을 깨닫지 못하는 이,

신앙의 역설로부터 도망치려는 이,

오직 은총으로 구원을 얻기 위해 안정적인 것,

가시적인 것, 편안한 것을 모두 버리지 않으려는 이,

희망을 바라보지 않고 자신을 자랑하는 이유를 찾는 이는

예수 주위를 겉돌다 죽을 수밖에 없습니다.

주님의 부정 아래 굴복하지 않거나

주님의 긍정을 기대하지 않는 인간의 모든 존재와 소유, 행동은

실로 아무 소용도 없습니다.

주님의 심판과 용서 앞에서 인간의 의로움을 포기하지 않으면

모든 인간의 의로움은 실로 아무 소용이 없습니다.

— 칼 바르트

✠ 나의 묵상

✠ 나의 기도

✠ 성서정과

단 9:4~10 / 시 79:8~9, 11, 13 / 눅 6:36~38

너희의 아버지께서 자비로우신 것 같이, 너희도 자비로운 사람이 되어라. 남을 심판하지 말아라. 그리하면 아버지께서도 너희를 심판하지 않으실 것이다. 남을 정죄하지 말아라. 그리하면 아버지께서도 너희를 정죄하지 않으실 것이다. 남을 용서하여라. 그리하면 아버지께서도 너희를 용서하실 것이다. 남에게 주어라. 그리하면 아버지께서도 너희에게 주실 것이니, 되를 누르고 흔들어서, 넘치도록 후하게 되어서, 너희 품에 안겨 주실 것이다. 너희가 되질하여 주는 그 되로 너희에게 도로 되어서 주실 것이다. (눅 6:36~38)

✠ 묵상

'너희를 위하여', '모든 이를 위하여' 예수께서 우리를 위해 당신 자신을 내주신 것처럼 우리도 다른 이들을 위하여 우리 자신을 내주어야 합니다. 우리 자신과 우리 삶을 내주라는 것은 현대인에게 낯설게 들릴만한 메시지입니다. 현대사회는 주는 것보다 받아 챙기는 데 더 익숙하기 때문입니다. 넉넉히 받을 수 없기에, 한번 확보한 재화는 끝까지 지키려 합니다. 그래서 모든 것이 정체됩니다. 스스로도 흐르지 못하고 남의 흐름도 막아버립니다. 이런 자기중심적인 고착은 생명이

아니라 죽음의 징표입니다. 생명은 사랑에서 나오고, 생명을 내주는
자만이 생명을 얻을 것이기 때문입니다.

— 발터 카스퍼

⛪ 나의 묵상

✦ 나의 기도

🕮 성서정과

사 1:10, 16~20 / 시 50:8, 16~23 / 마 23:1~12

예수께서 무리와 제자들에게 말씀하셨다. "율법학자들과 바리새파 사람들은 모세의 자리에 앉은 사람들이다. 그러므로 그들이 너희에게 말하는 것은 무엇이든지 다 행하고 지켜라. 그러나 그들의 행실은 따르지 말아라. 그들은 말만 하고, 행하지는 않는다. … 너희의 선생은 한 분뿐이요, 너희는 모두 형제자매들이다. 또 너희는 땅에서 아무도 너희의 아버지라고 부르지 말아라. 너희의 아버지는 하늘에 계신 분, 한 분뿐이시다. 또 너희는 지도자라는 호칭을 듣지 말아라. 너희의 지도자는 그리스도 한 분뿐이시다. 너희 가운데서 으뜸가는 사람은 너희를 섬기는 사람이 되어야 한다. 자기를 높이는 사람은 낮아지고, 자기를 낮추는 사람은 높아질 것이다." (마 23:1~12)

╫ 묵상

자신들을 스스로 '신앙의 수호자'라고 일컫는 이들은 자신과 다른 생각, 다른 형식, 다른 모습을 용납하지 못하기 때문에 수많은 율법과 짐을 다른 이들에게 지웁니다. 자신들의 신학적 오류와 불합리성, 고백과 삶의 간극은 보지 못하면서 타인의 신학적 입장, 고백과 삶의 간극에 대해서는 입에 거품을 물고 지적합니다. 그들은 주님의 나라를 찾아 문을 두드리는 이들에게 문을 열고 환대하는 대신 말합니다. 갖고 있는 문제를 해결하지 않으면, 정치적 견해를 바꾸지 않으면, 신학적으로 동의하지 않으면, 의심을 버리지 않으면, 교회 지도자들에게 전적으로 순종하지 않으면, 주님 나라에 들어올 수 없다고 말이지요. 하지만 복음은 잘못된 사람의 유입을 막기 위해 애쓰는 인간들의 모임을 필요로 하지 않습니다. 오히려 복음은 죄인들로 이루어진 가족을 필요로 합니다. 이 가족이 은총으로 구원을 받아 사람과 사람을 갈라놓는 벽을 무너뜨리고 문을 활짝 열어젖히고 말하기를 요구합니다. "환영합니다! 여기 빵과 포도주가 있습니다. 우리와 함께 먹고 마시며 이야기를 나눕시다."

— 레이첼 헬드 에반스

⚜ 나의 묵상

✦ 나의 기도

🕮 성서정과

렘 18:18~20 / 시 31:4, 5, 14~18 / 마 20:17~28

예수께서는 그들을 곁에 불러 놓고 말씀하셨다. "너희가 아는 대로, 이방 민족들의 통치자들은 백성을 마구 내리누르고, 고관들은 백성에게 세도를 부린다. 그러나 너희끼리는 그렇게 해서는 안 된다. 너희 가운데서 위대하게 되고자 하는 사람은 누구든지 너희를 섬기는 사람이 되어야 하고, 너희 가운데서 으뜸이 되고자 하는 사람은 너희의 종이 되어야 한다. 인자는 섬김을 받으러 온 것이 아니라 섬기러 왔으며, 많은 사람을 위하여 자기 목숨을 몸값으로 치러 주려고 왔다." (마 20:25~28)

ᚎ 묵상

제 위에 계신 주님, 우리 가운데 한 분이신 주님,

우리 안에 계신 주님,

제 안에서 당신의 모든 것을 보게 하소서.

제가 당신의 길을 닦게 하소서.

제게 허락된 당신의 은총에 대해 감사하게 하소서.

다른 이들의 요구를 잊지 않도록 하시고

당신의 사랑 가운데 저를 보호해 주소서.

모든 힘과 선은 당신의 손 안에 있습니다.

당신을 볼 수 있는 순수한 마음과

당신의 말씀을 들을 수 있는 겸손한 마음과

당신을 섬기는 사랑의 마음과

당신 안에 머무를 수 있는 믿음의 마음을 주소서.

당신께서 모든 이를 사랑하신 것처럼

다른 이들의 무한한 가능성을 위해

모든 생명과 인간을 사랑하게 하소서.

저를 당신의 도구로 사용하여 주소서.

모든 순간은 당신의 손길을 통해 의미를 지닙니다.

당신께서는 위대하시고 영광과 평화와 하늘의 상속자이십니다.

— 다그 함마르셸드

⚖ 나의 묵상

✦ 나의 기도

🏛 성서정과

렘 17:5~10 / 시 1 / 눅 16:19-31

"나 주가 말한다. 나 주에게서 마음을 멀리하고, 오히려 사람을 의지하며, 사람이 힘이 되어 주려니 하고 믿는 자는, 저주를 받을 것이다. 그는 황야에서 자라는 가시덤불 같아서, 좋은 일이 오는 것을 볼 수 없을 것이다. 그는, 소금기가 많아서 사람이 살 수도 없는 땅, 메마른 사막에서 살게 될 것이다." 그러나 주님을 믿고 의지하는 사람은 복을 받을 것이다. 그는 물가에 심은 나무와 같아서 뿌리를 개울가로 뻗으니, 잎이 언제나 푸르므로, 무더위가 닥쳐와도 걱정이 없고, 가뭄이 심해도, 걱정이 없다. 그 나무는 언제나 열매를 맺는다. "만물보다 더 거짓되고 아주 썩은 것은 사람의 마음이니, 누가 그 속을 알 수 있습니까?" "각 사람의 마음을 살피고, 심장을 감찰하며, 각 사람의 행실과 행동에 따라 보상하는 이는 바로 나 주다." (렘 17:5-10)

⧓ 묵상

기도하는 사람은 "나는 그것을 해낼 수도 없고 이해할 수도 없어"라고만 하는 것이 아니라, "나 혼자서 그것을 할 필요도 없고 이해할 필요도 없어"라고도 말합니다. 앞의 생각에만 머물러 있게 되면, 흔히 혼란과 좌절 속에서 기도하게 될 것입니다. 그러나 그 다음 생각에 이르게 되면, 우리의 의존성은 더는 자신의 무력함을 뜻하는 것이 아니라, 다른 이를 향하여 기쁜 마음으로 열려 있음을 의미하게 됩니다. 우리가 약함을 부끄럽게 여긴다면, 우리는 최악의 경우에만 기도에 의지하고 기도를 우리 무능력의 강요된 고백으로 여기게 될 것입니다. 그러나 우리의 약함을 사랑의 가치를 일깨워 주는 것으로 받아들이고, 다른 이가 우리에게 베풀어 주는 것을 반갑게 받을 준비가 되어 있다면, 산다는 것은 곧 더불어 산다는 것임을 기도를 통하여 발견할 수 있을 것입니다.

— 헨리 나우웬

✙ 나의 묵상

✙ 나의 기도

🕮 성서정과

창 37:3~4, 12~13, 18~28 / 시 105:16~22 / 마 21:33~43, 45~46

"다른 비유를 하나 들어보아라. 어떤 집주인이 있었다. 그는 포도원을 일구고, 울타리를 치고, 그 안에 포도즙을 짜는 확을 파고, 망대를 세웠다. 그리고 그것을 농부들에게 세로 주고, 멀리 떠났다. 열매를 거두어들일 철이 가까이 왔을 때에, 그는 그 소출을 받으려고 자기 종들을 농부들에게 보냈다. 그런데, 농부들은 그 종들을 붙잡아서, 하나는 때리고, 하나는 죽이고, 또 하나는 돌로 쳤다. 주인은 다시 다른 종들을 처음보다 더 많이 보냈다. 그랬더니, 농부들은 그들에게도 똑같이 하였다. 마지막으로 그는 자기 아들을 보내며 말하기를 '그들이 내 아들이야 존중하겠지' 하였다. 그러나 농부들은 그 아들을 보고 그들끼리 말하였다. '이 사람은 상속자다. 그를 죽이고, 그의 유산을 우리가 차지하자.' 그러면서 그들은 그를 잡아서, 포도원 밖으로 내쫓아 죽였다. 그러니 포도원 주인이 돌아올 때에, 그 농부들을 어떻게 하겠느냐?" 그들이 예수께 말하였다. "그 악한 자들을 가차없이 죽이고, 제 때에 소출을 바칠 다른 농부들에게 포도원을 맡길 것입니다." 예수께서 그들에게 말씀하셨다. "너희는 성경에서 이런 말씀을 읽어 본 일이 없느냐? '집 짓는 사람이 버린 돌이 집 모퉁이의 머릿돌이 되었다. 이것은 주님께서 하신 일이요, 우리 눈에는 놀라운 일이다.'" (마 21:33~43)

⁜ 묵상

우리는 예수가 어떤 메시아로서 오셨는지 이해하고 있습니까? 예수를 향해, 기름 부음 받은 메시아로서의 사명과는 전혀 무관한, 엉뚱한 기대와 소망을 품고 있지는 않습니까? 우리는 예수와 충분한 사귐의 시간을 가지며, 그분의 말씀을 충분히 깊이 있게 묵상하고 있습니까? 메시아-왕이신 예수의 본연 그대로의 모습에 기꺼이 수긍하고 있습니까? 혹시 우리는 우리의 이익에 힘을 실어줄 메시아를 기대하고 있지는 않습니까? 이 세상에서 우리가 추구하는 의제를 신성한 것 인양 받아줄 메시아를 고대하고 있지는 않습니까?

— 데이비드 드 실바

⚹ 나의 묵상

_____

_____

_____

✦ 나의 기도

_____

_____

_____

🏛 성서정과

미 7:14~15, 18~20 / 시 103:1~5, 9~12 / 눅 15:1~3, 11하~32

주님, 주님의 지팡이로 주님의 백성을 인도하시는 목자가 되어 주십시오.
이 백성은 주님께서 선택하신 주님의 소유입니다. 이 백성은 멀리 떨어진
황무지에 살아도, 그 주변에는 기름진 초장이 있습니다. 옛날처럼 주님
의 백성을 바산과 길르앗에서 먹여 주십시오. "네가 이집트에서 나올 때
처럼 내가 그들에게 기적을 보이겠다." 주님, 주님 같으신 분이 또 어디에
있겠습니까. 주님께서는 죄악을 사유하시며 살아남은 주님의 백성의 죄
를 용서하십니다. 진노하시되, 그 노여움을 언제까지나 품고 계시지는 않
고, 기꺼이 한결같은 사랑을 베푸십니다. 주님께서 다시 우리에게 자비를
베푸시고, 우리의 모든 죄를 주님의 발로 밟아서, 저 바다 밑 깊은 곳으로
던지십니다. (미 7:14~15, 18)

✣✣ 묵상

성부여, 당신의 능력으로 우리를 이끌고 지켜주소서. 성자여, 당신의
지혜로 우리의 닫힌 눈을 열어주소서. 성령이여, 우리와 교제를 나누
시어 당신께로 향하는 우리의 발걸음에 힘을 더해 주소서. 우리 영혼
을 지켜주시고, 우리 몸에 기운을 불어 넣어주소서. 우리 감각을 예리
하게 하시고 태도를 바르게 하소서. 우리 성품이 당신의 뜻에 맞도록

조율해주소서. 우리 행동을 축복해주시고 우리 기도를 완성해주소서. 거룩한 생각을 우리에게 불어넣으소서. 지나간 죄를 용서하시고 지금 우리의 죄를 고치시며 미래의 죄로부터 우리를 지켜주소서. 우리를 도우시는 성령의 능력으로 우리의 간구와 생각보다 넉넉히 주시는 당신을 찬미합니다. 영광이 그리스도에게 속한 모든 교회 안에서 세세토록 당신의 것입니다. 아멘.

— 랜슬럿 앤드루스

✠ 나의 묵상

✠ 나의 기도

사순
제3주

🏛 성서정과

출 17:1~7	출 20:1~17	사 55:1~9
시 95	시 19	시 63:1~8
롬 5:1~11	고전 1:18~25	고전 10:1~13
요 4:5~42	요 2:13~22	눅 13:1~9

우리가 아직 약할 때에, 그리스도께서는 제 때에, 경건하지 않은 사람을 위하여 죽으셨습니다. 의인을 위해서라도 죽을 사람은 거의 없습니다. 더욱이 선한 사람을 위해서라도 감히 죽을 사람은 드뭅니다. 그러나 우리가 아직 죄인이었을 때에, 그리스도께서 우리를 위하여 죽으셨습니다. 이리하여 주님께서는 우리들에 대한 자기의 사랑을 실증하셨습니다. 그러므로 지금 우리가 그리스도의 피로 의롭게 되었으니, 그리스도로 말미암아 그분의 진노에서 구원을 얻으리라는 것은 더욱 확실합니다. 우리가 거룩하신 아버지의 원수일 때에도 그분의 아들의 죽으심으로 말미암아 그분과 화해하게 되었다면, 화해한 우리가 그분의 생명으로 구원을 얻으리라는 것은 더욱더 확실한 일입니다. 그뿐만 아니라, 우리는 또한 우리 주 예수 그리스도로 말미암아 그분을 자랑합니다. 우리는 지금 그로 말미암아 주님과 화해를 하게 된 것입니다. (롬 5:6~11)

╬ 묵상

우리의 은혜로운 주님께서는

우리가 완벽해질 때까지 기다리시지 않습니다.

주님은 우리가 죄와 죽음에 빠져 있는 것을 보시고,

우리와 만나시고 우리를 이 끔찍한 적의 손아귀에서

해방시키시려고 오십니다.

주님은 우리가 최악의 모습일 때 우리에게 오십니다.

주님께서 십자가에 못 박히셨을 때 우리는,

인류는 가장 최악의 모습이었기 때문입니다.

우리 자신이 주님의 심판 그 너머에 있다고 생각한다면,

우리는 여전히 주님의 의에 대해 무지한 채로 있을 것입니다.

우리가 우리 자신이 정말로 어떤 사람인지 안다면,

우리 자신이 만들었지만 스스로 빠져나갈 수 없는

그물에 사로잡힌 반역한 피조물이라는 현실을 안다면,

우리는 그리스도교가 전하는 위대한 좋은 소식을 듣고

기쁨으로 받아들일 것입니다.

— 플레밍 러틀리지

♨ 나의 묵상

✦ 나의 기도

🕮 성서정과

왕하 5:1~15 / 시 42:1~2, 43:1~4 / 눅 4:24~30

엘리사는 사환을 시켜서 나아만에게, 요단 강으로 가서 몸을 일곱 번 씻으면, 장군의 몸이 다시 깨끗하게 될 것이라고 말하였다. 나아만은 이 말을 듣고 화가 나서 발길을 돌렸다. "적어도, 엘리사가 직접 나와서 정중히 나를 맞이하고, 주 그의 주님의 이름을 부르며 상처 위에 직접 안수하여, 나병을 고쳐 주어야 도리가 아닌가? ..." 하고 불평하였다. 그렇게 불평을 하고 나서, 나아만은 발길을 돌이켜, 분을 참지 못하며 떠나갔다. 그러나 부하들이 그에게 가까이 와서 말하였다. "장군님, 그 예언자가 이보다 더한 일을 하라고 하였다면, 하지 않으셨겠습니까? 다만 몸이나 씻으시라는데, 그러면 깨끗해진다는데, 그것쯤 못할 까닭이 어디에 있습니까?" 그리하여 나아만은 주님의 사람이 시킨 대로, 요단 강으로 가서 일곱 번 몸을 씻었다. 그러자 그의 살결이 어린 아이의 살결처럼 새 살로 돌아와, 깨끗하게 나았다. (왕하 5:10~15)

⚏ 묵상

우리처럼 산만하고 변덕스러운 사람들은 관심을 끄는 커다란 장치가 있어야만 메인쇼에 주목합니다. 그래야 우리 삶에 있는 거대한 주님의 차원을 보고 그 큰 주님의 이야기에 귀를 기울이지요. 우리의 모든 이야기는 주님 이야기의 한 부분을 이룹니다. 우리의 삶, 환경, 조건에는 고스란히 감당해야 하는, 이미 정해진 요소가 아주 많습니다. 우리는 각자 원하는 환상을 교회에 투사하고는 기대하는 것이 보이지 않는다는 이유로 화를 내며 떠나곤 합니다. 그런가 하면, 교회가 소명에 충실하게 살지 못하는 것처럼 느껴져서 심한 죄책감에 사로잡히기도 합니다. 하지만 죄책감은 더 많은 에너지를 소진하게 할 뿐입니다. 우리가 그저 해야 할 일은 지금 벌어지는 상황에 주목하는 것입니다. 사도행전 시대 사도들의 행적부터 우리 시대 이곳 우리 공동체 그리스도인들의 행함까지 이어지는 성령의 역사에 주목하는 것입니다.

— 유진 피터슨

⅏ 나의 묵상

✢ 나의 기도

🕮 성서정과

단 2:20~23(단 3:25, 34~43) / 시 25:3~10 / 마 18:21~35

우리의 뉘우치는 마음과 겸손하게 된 정신을 받아주소서. 이것을 염소와 황소의 번제물로 여기시며 수많은 살진 양으로 여기시고 받아주소서. 이 것이 오늘 당신께 바치는 제물이오니 우리로 하여금 당신을 완전히 따르게 하소서. 당신께 희망을 건 사람들은 절대로 실망하지 않습니다. 이제 우리는 온전한 마음으로 당신을 따르렵니다. 그리고 당신을 두려워하며 당신의 얼굴을 다시 한번 뵈옵기를 갈망합니다. 우리로 하여금 부끄러움을 당하지 말게 하소서. 당신은 관대하시고 지극히 자비로운 분이시니 우리에게 관용을 베푸소서. 당신은 놀라운 업적을 이룩하신 분이시니, 우리를 구해 주소서. 주님, 당신 이름이 영광스럽게 빛나시기를 빕니다. (단 3:39~43, 공동번역)

╫ 묵상

인간 역사가 빚어내는 드라마는 선한 세력과 악한 세력의 싸움이라 기보다는 모든 인간과 주님 사이의 싸움입니다. 역사에 대한 성서적 해석의 매우 중요한 두 가지 측면이 있습니다. 하나는 인간과 국가가 자신이 주님의 심판 아래 있음을 온전히 깨달을 때 비로소 파괴에서 벗어나 생명을 회복할 수 있는 가능성이 있다는 것입니다. 또 하나는 개인의 삶, 집단의 역사는 언제까지나 모순으로 뒤엉켜 있으며 이러한 모순의 최종적인 해결은 주님의 자비라는 것입니다. 인간의 삶과 역사는 언제까지나 물음표로 남아있을 수밖에 없습니다. 그리고 그 해결은 인간과 역사가 아닌 주님의 자비입니다.

― 라인홀드 니버

⚏ 나의 묵상

✦ 나의 기도

🕮 성서정과

신 4:1, 5~9 / 시 147:12~20 / 마 5:17~19

보십시오, 내가, 주님께서 나에게 명하신 대로, 당신들에게 규례와 법도를 가르쳐 주었습니다. 당신들이 들어가 차지할 땅에서 당신들이 그대로 지키도록 하려고 그렇게 가르쳤습니다. 당신들은 이 규례와 법도를 지키십시오. 그러면 여러 민족이, 당신들이 지혜롭고 슬기롭다는 것을 알게 될 것입니다. 그들이 이 모든 규례에 관해서 듣고, 이스라엘은 정말 위대한 백성이요 지혜롭고 슬기로운 민족이라고 말할 것입니다. 우리의 주님은 우리가 기도할 때마다 우리 가까이에 계시는 분이십니다. 이와 같은 주님을 모신 위대한 민족이 어디에 또 있겠습니까? 오늘 내가 당신들에게 주는 이 모든 율법과 같은 바른 규례와 법도를 가진 위대한 민족이 어디에 또 있겠습니까? 당신들은 오로지 삼가 조심하여, 당신들의 눈으로 본 것들을 잊지 않도록 정성을 기울여 지키고, 평생 동안 당신들의 마음 속에서 사라지지 않도록 하십시오. 또한 그것을 당신들의 자손에게 길이 알리십시오. (신 4:5~9)

╬ 묵상

주님,
목숨을 바쳐 당신을 경배합니다.

온 힘을 다하여 당신 말씀을 따릅니다.

온 입으로 당신을 찬미합니다.

모든 말로 당신께 영광 올립니다.

열렬한 사랑으로 당신을 사랑합니다.

온갖 소망을 담아 당신께 무릎 꿇습니다.

온 마음을 다해 당신을 사랑합니다.

온갖 방식으로 당신께 사랑을 바칩니다.

주님, 우리의 영혼을 당신께 봉헌합니다.

정성을 다해 우리의 존재 자체를 당신께 봉헌합니다.

— 켈트 기도

✠ 나의 묵상

✠ 나의 기도

🕮 성서정과

렘 7:23~28 / 시 95:1~2, 6~11 / 눅 11:14~23

예수께서 귀신을 하나 내쫓으셨는데, 그것은 벙어리 귀신이었다. 그 귀신이 나가니, 말 못하는 사람이 말을 하게 되었다. 그래서 무리가 놀랐다. 그들 가운데서 더러는 이렇게 말하였다. "그가 귀신들의 두목인 바알세불의 힘을 빌어서 귀신을 내쫓는다." 또 다른 사람들은 예수를 시험하여 하늘에서 내리는 표징을 보여 달라고 그에게 요구하였다. 그러나 예수께서는 그들의 생각을 아시고서, 이렇게 말씀하셨다. "어느 나라든지 갈라져서 서로 싸우면 망하고, 또 가정도 서로 싸우면 무너진다. 그러니 사탄이 갈라져서 서로 싸우면, 그 나라가 어떻게 서 있겠느냐? 너희는 내가 바알세불을 힘입어 귀신을 내쫓는다고 하는데, 내가 바알세불을 힘입어 귀신을 내쫓는다면 너희의 추종자들은 누구를 힘입어 귀신을 내쫓는다는 말이냐? 그러므로 그들이야말로 너희의 재판관이 될 것이다. 그러나 내가 아버지의 능력을 힘입어 귀신들을 내쫓으면, 그분의 나라가 너희에게 이미 온 것이다. 힘센 사람이 완전히 무장하고 자기 집을 지키고 있는 동안에는, 그의 소유는 안전하다. 그러나 그보다 더 힘센 사람이 달려들어서 그를 이기면, 그가 의지하는 무장을 모두 해제시키고, 자기가 노략한 것을 나누어 준다. 나와 함께 하지 않는 사람은 나를 반대하는 사람이요, 나와 함께 모으지 않는 사람은 헤치는 사람이다." (눅 11:14~23)

⊞ 묵상

예수와 함께 선 이들, 그와 동행하는 이들은 근본적으로 이 세상의 여러 체제에 맞서는 이들이 아닙니다. 그들은 그저 예수가 있는 곳에 있고 그가 가는 곳을 함께 갈 뿐입니다. 그러한 점에서 예수의 왕국, 그리고 예수와 함께하는 이들은 다른 경쟁자들보다는 체제들 자체에 더 위협적입니다. 그것이 이전에는 너무나 분명하게 보였던 소유와 권력의 정의에 대해 근본적인 물음을 던지기 때문입니다.

― 로완 윌리엄스

⊞ 나의 묵상

⊛ 나의 기도

✤ 성서정과

호 14:2~10 / 시 81:6~10, 13, 16 / 막 12:28~34

내가 네 어깨에서 짐을 벗겨 주고, 네 손에서 무거운 광주리를 내려놓게 하였다. 너희가 고난 가운데 부르짖을 때에, 내가 건져 주고, 천둥치는 먹구름 속에서 내가 대답하고, 므리바 물 가에서는 내가 너를 시험하기도 하였다. (셀라) 내 백성아, 들어라. 내가 너에게 경고하겠다. 이스라엘아, 나는 네가 내 말을 듣기를 바란다. "너희 가운데 다른 신을 두지 말며, 이방 신에게 절하지 말아라. 나는 너희를 이집트 땅에서 이끌어 낸 너희의 주님이다. 너희의 입을 크게 벌려라." (시 81:6~10)

✤ 묵상

주님, 우리가 비오니

당신을 가까이함으로써 얻는 내면의 행복과 부귀, 그리고 평화를 주소서.

매일 우리 안에서 기쁨을 새롭게 하소서.

흔들리지 않는 용기를 가지고 삶의 질고와 어려움을 마주하게 하소서.

용감하고 고결한 행복을 항상 품고

모든 것을 주시는 당신께 감사를 돌리게 하소서.

무거운 짐을 진 사람을 곁으로 부르시는

우리 주 예수 그리스도여,

우리를 당신의 현존과 능력으로 새롭게 하소서.

우리 생각을 잠잠하게 하시며

우리 마음에 평안을 주소서.

끝을 알 수 없는 영원한 곳으로 우리를 인도하소서.

우리에게 당신의 생각을 밝혀 주소서.

우리가 당신의 빛 안에서 영롱한 빛을 받아 환하게 하소서.

택하신 우리가 당신의 종이 되는 영광을 누리게 하소서.

우리가 섬기는 사람에게 힘과 기쁨의 샘이 되게 하소서.

— 이블린 언더힐

☰ 나의 묵상

✠ 나의 기도

🕮 성서정과

> 호 5:15~6:6 / 시 51:1~2, 16~19 / 눅 18:9-14

주님, 당신의 한결같은 사랑으로 내게 자비를 베풀어 주십시오. 주님의 크신 궁휼을 베푸시어 내 반역죄를 없애 주십시오. 내 죄악을 말끔히 씻어 주시고, 내 죄를 깨끗이 없애 주십시오. 주님은 제물을 반기지 않으시며, 내가 번제를 드리더라도 기뻐하지 않으십니다. 주님께서 원하시는 제물은 찢겨진 심령입니다. 오, 주님, 당신은 찢겨지고 짓밟힌 마음을 멸시하지 않으십니다. 주님의 은혜로 시온을 잘 돌보아주시고, 예루살렘 성벽을 견고히 세워 주십시오. 그 때에 당신은 올바른 제사와 번제와 온전한 제물을 기쁨으로 받으실 것이니, 그 때에 사람들이 당신의 제단 위에 수송아지를 드릴 것입니다. (시 5:1~2, 16~19)

╫ 묵상

주님, 제가 무엇이라고 당신의 사랑과 보호와 자비를 기대합니까?

제가 무엇이기에 당신의 마음과 집과 나라에

저의 자리를 마련해 주셨습니까?

주님, 제가 무엇이라고 당신의 용서와 우정과 포용을 기대합니까?

그런데도 저는 그것을 기다리고 기대하고 의지하기까지 합니다.

제가 잘해서가 아니라 오로지 당신의 크신 궁휼 때문입니다.

오 주님, 당신은 공의로우시고 복되시고 사랑이 많으시고

의로우시고 긍휼이 풍성하신 분입니다.

거룩하신 아버지, 모든 백성의 아버지, 우리를 창조하시고 날마다

붙드시는 그분이 저에게서 당신의 흔적을 보시고

저를 받아주시기를 기도합니다.

당신을 따를 수 있게, 저의 삶이 당신의 삶과 하나 되게,

당신의 사랑을 본받을 수 있게 도와주소서. 아멘.

— 헨리 나우웬

♆ 나의 묵상

✤ 나의 기도

사순
제4주

⛪ 성서정과

삼상 16:1~13	민 21:4-9	수 5:9-12
시 23	시 107:1~3, 17~22	시 32
엡 5:8-14	엡 2:1~10	고후 5:16-21
요 9:1~41	요 3:14-21	눅 15:1~3, 11하~32

여러분이 전에는 어둠이었으나, 지금은 주님 안에서 빛입니다. 빛의 자녀답게 사십시오. 빛의 열매는 모든 선과 의와 진실에 있습니다. 주님께서 기뻐하시는 일이 무엇인지를 분별하십시오. 여러분은 열매 없는 어둠의 일에 끼여들지 말고, 오히려 그것을 폭로하십시오. 그들이 몰래 하는 일들은 말하기조차 부끄러운 것들입니다. 빛이 폭로하면 모든 것이 드러나게 됩니다. 드러나는 것은 다 빛입니다. 그러므로, "잠자는 사람아, 일어나라. 죽은 사람 가운데서 일어서라. 그리스도께서 너를 환히 비추어 주실 것이다" 하는 말씀이 있습니다. (엡 5:8-14)

⊹ 묵상

우리가 할 수 있는 최선의 일은 이 모든 것을 꿰뚫어 보는,

타오르는 불길과도 같은 그분의 시선에

우리의 벌거벗은 마음을 내맡기는 것입니다.

우리를 향해 다가오는 빛을 인위적으로 분산시키지 않는다면,

우리 마음은 그 빛으로 인해 불붙게 될 것입니다.

그리고 그렇게 불타오르는 마음으로 인해 우리는

스토아주의자의 굳은 얼굴과는 정반대의 얼굴을 갖게 될 것입니다.

그분께 굴복함으로써, 그분이 우리를 이겼다고 선언함으로써,

항복함으로써, 우리 자신을 그분께 맡기고 그분을 향해

우리 자신을 내던짐으로써 우리는 그분의 어린 자식이 됩니다.

아이에게는 아버지의 시선이 고통스럽지 않습니다.

참된 신앙인은 그런 눈으로, 아버지를 또렷이 바라봅니다.

— 한스 우르스 폰 발타사르

✟ 나의 묵상

_____

_____

_____

_____

_____

_____

✟ 나의 기도

_____

_____

_____

_____

_____

_____

_____

⛪ 성서정과

사 65:17~21 / 시 30:1~5, 8, 11~12 / 요 4:43~54

"보아라, 내가 새 하늘과 새 땅을 창조할 것이니, 이전 것들은 기억되거나 마음에 떠오르거나 하지 않을 것이다. 그러니 너희는 내가 창조하는 것을 길이길이 기뻐하고 즐거워하여라. 보아라, 내가 예루살렘을 기쁨이 가득 찬 도성으로 창조하고, 그 주민을 행복을 누리는 백성으로 창조하겠다. 예루살렘은 나의 기쁨이 되고, 거기에 사는 백성은 나의 즐거움이 될 것이니, 그 안에서 다시는 울음 소리와 울부짖는 소리가 들리지 않을 것이다." 거기에는 몇 날 살지 못하고 죽는 아이가 없을 것이며, 수명을 다 채우지 못하는 노인도 없을 것이다. 백 살에 죽는 사람을 젊은이라고 할 것이며, 백 살을 채우지 못하는 사람을 저주받은 자로 여길 것이다. 집을 지은 사람들이 자기가 지은 집에 들어가 살 것이며, 포도나무를 심은 사람들이 자기가 기른 나무의 열매를 먹을 것이다. (사 65:17~21)

⋕ 묵상

거룩하신 창조주께서 우리를 창조한 건 이루 말할 수 없는 사랑 때문입니다. 그분이 인류에게 내려간 것도 이루 말할 수 없는 사랑 때문입니다. 이윽고 인류가 그분에게 올라간 것도 이루 말할 수 없는 사랑 때문입니다. 그분이 우리를 찾아와 넣어준 사랑이 아니라면, 우리는 그분을 향해 상승할 수 없습니다. 그리고 그 사랑은 그분이 우리를 떨어뜨려 창조하셨을 때의 사랑과 같은 사랑입니다. 수난은 창조와 분리될 수 없습니다. 창조는 그 자체가 일종의 수난입니다. 우리의 실존 자체는 창조주이신 분의 찢어짐과 같은 것인데, 그 찢어짐이 바로 사랑입니다. 이 세계 도처에 불행과 범죄의 형태로 드러나는 악은 우리가 그분에게서 얼마나 멀리 떨어져 있는지 보여주는 지표입니다. 하지만 그 거리는 사랑입니다.

— 시몬 베유

⊞ 나의 묵상

_____

_____

_____

_____

✤ 나의 기도

_____

_____

_____

_____

✠ 성서정과

겔 47:1~9, 12 / 시 46:1~8 / 요 5:1~3, 5~16

주님은 우리의 피난처이시며, 우리의 힘이시며, 어려운 고비마다 우리 곁
에 계시는 구원자이시니, 땅이 흔들리고 산이 무너져 바다 속으로 빠져
들어도, 우리는 두려워하지 않는다. 물이 소리를 내면서 거품을 내뿜고
산들이 노하여서 뒤흔들려도, 우리는 두려워하지 않는다. (셀라) ... 만군
의 주님이 우리와 함께 계신다. 야곱의 주님이 우리의 피난처다. (셀라)
땅을 황무지로 만드신 주님의 놀라운 능력을 와서 보아라. (시 46:1~3, 7~8)

╫ 묵상

두려움과 자기중심성, 무지와 비겁함, 배신, 이 슬픈 비극이 역사에
서, 또 우리의 삶에서 끝없이 반복됩니다. 제자들이 그랬듯 우리도 스
스로를 가다듬으려 애씁니다. 우리는 신실해지고 싶고, 용감해지고
싶고, 곤경에 빠진 친구를 떠나지 않고 곁에서 그의 권리를 옹호하고
싶습니다. 하지만 상황이 나빠져, 그를 위해 너무 많은 대가를 치러
야 한다는 사실이 드러나면, 진실로 선한 의지를 발현해야 하는 바로
그 때 결국 이름과 정체를 감추는 익명성으로, 어둠 속으로 도망쳐 버
립니다. 하지만 이 모든 슬픔 뒤에 여전히 기쁨이 흐르고 있습니다.
예수께서는 그 죄의 한복판에서 제자들에게 주님의 나라에서 잔치가

열릴 것이고, 그곳에 그들을 위해 좋은 자리를 마련해 두겠다고 약속
하셨습니다.

— 윌리엄 윌리몬

⚏ 나의 묵상

✥ 나의 기도

🕮 성서정과

사 49:8-15 / 시 145:8-17 / 요 5:17~30

주님께서 그의 백성에게 이렇게 말씀하신다. "너희를 구원해야 할 때가 되면, 내가 너희에게 은혜를 베풀겠고, 살려 달라고 부르짖는 날에는, 내가 그 간구를 듣고 너희를 돕겠다. 내가 너희를 지키고 보호하겠으며, 너를 시켜서 뭇 백성과 언약을 맺겠다. 너희가 살던 땅이 황무해졌지마는, 내가 너희를 다시 너희 땅에 정착시키겠다. 감옥에 갇혀 있는 죄수들에게는 '나가거라. 너희는 자유인이 되었다!' 하고 말하겠고, 어둠 속에 갇혀 있는 사람들에게는 '밝은 곳으로 나오너라!' 하고 말하겠다. 그들이 어디로 가든지 먹거리를 얻게 할 것이며, 메말랐던 모든 산을 그들이 먹거리를 얻는 초장이 되게 하겠다. 그들은 배고프거나 목마르지 않으며, 무더위나 햇볕도 그들을 해치지 못할 것이니, 이것은 긍휼히 여기시는 분께서 그들을 이끄시기 때문이며, 샘이 솟는 곳으로 그들을 인도하시기 때문이다. 내가, 산에서 산으로 이어지는 큰길을 만들고, 내 백성이 자유스럽게 여행할 큰길을 닦겠다. 보아라, 내 백성이 먼 곳으로부터도 오고, 또 더러는 북쪽에서도 오고, 서쪽에서도 오고, 아스완 땅에서도 올 것이다." (사 49:8-12)

‡‡ 묵상

주 우리의 아버지, 당신 보시기에 의로운 이는 단 한 사람도 없습니다. 그러나 당신은 단 한 사람도 잊거나 거부하거나 정죄하지 않으십니다. 도리어 당신은 우리를 사랑하십니다. 우리에게 필요한 것을 아시고, 그것을 주시며, 당신을 향해 뻗은 우리의 빈손을 살펴 이를 채우시되 인색하지 않게, 넘치도록 채우십니다. 당신의 사랑하시는 아들 예수의 고난과 죽음 속에서 당신은 우리에게 헤아릴 길 없는 자비와 넘치는 도움을 베푸셔서 우리를 대신하셨고, 우리의 어둠과 탄식을 떠맡으셨으며, 우리를 해방하셔서 우리가 당신의 빛으로 나아가 당신의 자녀로 즐거워하게 하셨습니다.

— 칼 바르트

‖ 나의 묵상

_____

_____

_____

✦ 나의 기도

_____

_____

_____

🕮 성서정과

출 32:7~14 / 시 106:19~23 / 요 5:31~47

너희가 성경을 연구하는 것은, 영원한 생명이 그 안에 있다고 생각하기 때문이다. 성경은 나에 대하여 증언하고 있다. 그런데 너희는 생명을 얻으러 나에게 오려고 하지 않는다. 나는 사람에게서 영광을 받지 않는다. 너희에게 아버지를 사랑하는 마음이 없는 것도, 나는 알고 있다. 내가 내 아버지의 이름으로 왔는데, 너희는 나를 영접하지 않는다. 그러나 다른 이가 자기 이름으로 오면 너희는 그를 영접할 것이다. 너희는 서로 영광을 주고받으면서 오직 한 분이신 분께서 주시는 영광은 구하지 않으니, 어떻게 믿을 수 있겠느냐? 내가 너희를 아버지께 고발하리라고는 생각하지 말아라. 너희를 고발하는 이는 너희가 희망을 걸어온 모세이다. 너희가 모세를 믿었더라면 나를 믿었을 것이다. 모세가 나를 두고 썼기 때문이다. 그러나 너희가 모세의 글을 믿지 않으니, 어떻게 내 말을 믿겠느냐?

(요 5:39~47)

‡‡ 묵상

참된 말씀은 성경이 아니라 그리스도입니다. 올바른 마음가짐과 좋은 교사들의 지도를 받아 읽을 경우 성경은 우리를 그리스도께 이끄는 책입니다. 특정 구절이 제대로 번역되었는지, 아니면 신화인지 역사인지 진정으로 논쟁이나 호기심을 위해서가 아니라 우리의 영적 생명을 위해 알아야 한다면, 우리는 분명 올바른 답으로 인도받을 것입니다. 그러나 성경을 일종의 백과사전으로 여기고(우리 선조들은 너무나 자주 그렇게 했습니다) 거기서 무기로 쓸 본문들을 문맥과 분리하고, 각 구절이 나오는 책의 특성과 취지를 무시하고 뽑아내서는 안 됩니다.

—C. S. 루이스

⚖ 나의 묵상

✤ 나의 기도

⛪ 성서정과

잠 12:6~13 / 시 34:15~22 / 요 7:1~2, 25~30

주님의 눈은 의로운 사람을 살피시며, 주님의 귀는 그들이 부르짖는 소리를 들으신다. 주님의 얼굴은 악한 일을 하는 자를 노려보시며, 그들에 대한 기억을 이 땅에서 지워 버리신다. 의인이 부르짖으면 주님께서 반드시 들어 주시고, 그 모든 재난에서 반드시 건져 주신다. 주님은, 마음 상한 사람에게 가까이 계시고, 낙심한 사람을 구원해 주신다. 의로운 사람에게는 고난이 많지만, 주님께서는 그 모든 고난에서 그를 건져 주신다. 뼈마디 하나하나 모두 지켜 주시니, 어느 것 하나도 부러지지 않는다. 악인은 그 악함 때문에 끝내 죽음을 맞고, 의인을 미워하는 사람은, 반드시 마땅한 벌을 받을 것이다. 주님은 주님의 종들의 목숨을 건져 주시니, 그를 피난처로 삼는 사람은, 정죄를 받지 않을 것이다. (시 34:15~22)

✠ 묵상

지금 교회가 혼란스럽다고 해서 낙심해서는 안 됩니다. 우리는 유토피아를 기다리면서 에우토피아 안에서 살아가는 중이기 때문입니다. 우리가 성찬례를 하며 우리가 주님께 받아들여지고 용서 받았음을 깨달을 때, 기도를 드릴 때, 우리를 사랑하는 이들이 우리를 받아들일 때, 우리는 그 복됨을 힐끗 엿봅니다. 우리는 다른 이들과 나누는 사랑의 관계 안에서 이를 잠깐 엿봅니다. 이러한 종류의 사랑은 삶 전체를 통해 지금 그분 나라의 방향을 따라 견고하게 헌신하게끔 만들어 줍니다.

— 스캇 맥나이트

⛪ 나의 묵상

✦ 나의 기도

⛪ 성서정과

렘 11:18~20 / 시 7:1~2, 9~11 / 요 7:40~52

주님께서 저에게 알려 주셔서, 제가 깨닫게 되었습니다. 그 때에 주님께서 그들의 모든 행실을 저에게 보여 주셨습니다. 저는 도살장으로 끌려가는 순한 어린 양과 같았습니다. 사람들이 저를 해치려고 "저 나무를, 열매가 달린 그대로 찍어 버리자. 사람 사는 세상에서 없애 버리자. 그의 이름을 다시는 기억하지 못하게 하자" 하면서 음모를 꾸미고 있는 줄을 전혀 몰랐습니다. 그러나 만군의 주님, 주님은 의로운 재판관이시요, 사람의 생각과 마음을 감찰하시는 분이십니다. 저의 억울한 사정을 주님께 아뢰었으니, 주님께서 제 원수를 그들에게 갚아 주십시오. 제가 그것을 보기를 원합니다. (렘 11:18~20)

✣ 묵상

기도는 몸짓일 수도, 정적일 수도, 기운일 수도 있습니다. 이 모든 것을 함께 아우르는 것일 수도 있습니다. 기도는 그 자리에 멈추면서 시작되거나, 궁지에 몰리면서 시작되거나, 수면 아래로 빠져들 때 시작됩니다. 또는 정신적으로 넌덜머리가 난 상황에 넌덜머리가 나서 두 손 두 발을 다 들 때 시작됩니다. 기도란 우리가 억울해하거나, 제정신이 아니거나, 낙심했더라도 무언가와 나누는 이야기, 또는 우리를 하나로 묶어주는 무언가와 나누는 대화입니다. 기도는 온갖 악조건과 진부한 옛일에도 불구하고 우리는 사랑 받고 선택된 사람이라는 기회를 잡는 일입니다. 자신의 본 모습을 드러내기 전에는 제대로 된 기도를 할 수 없습니다. 그 반대의 경우도 진실일 수 있습니다. 자신의 본 모습을 감춘다면 제대로 된 기도를 할 수 없습니다.

— 앤 라모트

♒ 나의 묵상

✤ 나의 기도

사순
제5주

⚜ 성서정과

겔 37:1~14	렘 31:31~34	사 43:16-21
시 130	시 51:1~12(119:9-16)	시 126
롬 8:6~11	히 5:5-10	빌 3:4하~14
요 11:1~45	요 12:20-33	요 12:1~8

주께서 나에게 말씀하셨다. "너 사람아, 이 뼈들은 이스라엘의 온 족속이
다. 뼈는 마르고, 희망은 사라져 끝장이 났다고 넋두리하던 것들이다. 이
제 너는 이들에게 나의 말을 전하여라. '나 주가 말한다. 나 이제 무덤을
열고 내 백성이었던 너희를 그 무덤에서 끌어올려 이스라엘 고국 땅으로
데리고 가리라. 내가 이렇게 무덤을 열고 내 백성이었던 너희를 무덤에서
끌어올리면, 그제야 너희는 내가 너희의 주가 됨을 알게 되리라. 내가 너
희에게 나의 기운을 불어넣어 살려내어 너희로 하여금 고국에 가서 살게
하리라. 그제야 너희는 내가 한번 선언한 것을 그대로 이루고야 만다는
사실을 알 것이다.'"(겔 37:11~14)

⧉ 묵상

한 백성의 탄식, 그건 탄식이라기보다는 합창이요 송가입니다.

아, 물론 저는 그것이 교회의 찬가도 아니고

기도라는 이름으로 불릴 수 없다는 것도 잘 압니다.

아니, 그 안에는 흔히 말하듯 모든 것이 다 들어 있어있습니다.

채찍질 당하는 농노의 신음 소리, 구타 당하는 여인네의 비명,

주정뱅이의 딸꾹질 소리, 기뻐 날뛰는 저 야생적 환성 소리와

오장육부의 으르렁 소리 …

빈궁과 음탕은 굶주린 두 마리 짐승이 그러하듯

슬프게도 어둠 속에서 서로를 찾고 불러 댑니다.

물론 이런 것은 혐오감을 줄 수 있습니다.

그러나 나는 이토록 뼈에 사무친 비참, 제 이름조차 잊어버린 비참,

이제 찾는 것도 없고, 생각하는 법도 없이 제 흉흉한 얼굴을

아무데나 무턱대고 드미는 이 비참이,

언젠가 예수 그리스도의 어깨 위에서

눈을 뜨게 되리라는 것을 믿습니다.

— 조르주 베르나로스

🏛 나의 묵상

_____

_____

_____

_____

_____

_____

_____

✠ 나의 기도

_____

_____

_____

_____

_____

_____

_____

✝ 성서정과

수 2:1~14 / 시 23 / 요 8:1~11

주님은 나의 목자시니, 내게 부족함 없어라. 나를 푸른 풀밭에 누이시며 쉴 만한 물 가로 인도하신다. 나에게 다시 새 힘을 주시고, 당신의 이름을 위하여 바른 길로 나를 인도하신다. 내가 비록 죽음의 그늘 골짜기로 다닐지라도, 주님께서 나와 함께 계시고, 주님의 막대기와 지팡이로 나를 보살펴 주시니, 내게는 두려움이 없습니다. 주님께서는, 내 원수들이 보는 앞에서 내게 잔칫상을 차려 주시고, 내 머리에 기름 부으시어 나를 귀한 손님으로 맞아 주시니, 내 잔이 넘칩니다. 진실로 주님의 선하심과 인자하심이 내가 사는 날 동안 나를 따르리니, 나는 주님의 집으로 돌아가 영원히 그곳에서 살겠습니다. (시 23)

✝ 묵상

교회는 세상 한가운데서 자신의 삶을 살아가며, 자신의 존재와 행동을 모두 걸고 이 세상의 행적은 사라지고, 시간이 촉박하며 주님이 가까우시다는 사실을 순간마다 증언합니다. 교회는 이런 일을 매우 기쁘게 행합니다. 그리스도인에게 세상은 미미한 존재가 되며, 주님의 재림이 그의 전부가 됩니다. 그리스도인은 여전히 세상 안에서 살아갑니다. 그러나 그의 시선은 그가 기다리는 분이 다시 오실 하늘을 향해 있습니다. 그는 고향에서 멀리 떨어진 낯선 땅에서 살아가는 이방인, 자신이 살아가는 땅에서 손님의 권리를 누리는 나그네입니다. 그는 모든 사람에게, 특히 믿음의 형제들에게 주님의 사랑을 나타냅니다. 그는 고난 가운데서도 참고 즐거워하며, 시련을 기뻐합니다. 그리스도인은 다만 길을 가는 나그네일 뿐입니다. 계속 행군하라는 신호가 들려옵니다. 그럴 때마다 그는 발길을 옮기며 오직 자신을 부르는 음성을 따라갑니다. 그는 낯선 땅을 떠나며, 하늘의 고향을 향해 전진합니다.

— 디트리히 본회퍼

☰ 나의 묵상

✦ 나의 기도

🎵 성서정과

민 21:4~9 / 시 102:1~2, 15~22 / 요 8:21~30

그들은 에돔 땅을 돌아서 가려고, 호르 산에서부터 홍해 길을 따라 나아 갔다. 길을 걷는 동안에 백성들은 마음이 몹시 조급하였다. 그래서 백성 들은 주님과 모세를 원망하였다. "어찌하여 우리를 이집트에서 데리고 나 왔습니까? 이 광야에서 우리를 죽이려고 합니까? 먹을 것도 없습니다. 마 실 것도 없습니다. 이 보잘것없는 음식은 이제 진저리가 납니다." 그러자 주님께서 백성들에게 불뱀을 보내셨다. 그것들이 사람을 무니, 이스라엘 백성이 많이 죽었다. 백성이 모세에게 와서 간구하였다. "주님과 어른을 원망함으로써 우리가 죄를 지었습니다. 이 뱀이 우리에게서 물러가게 해 달라고 주님께 기도하여 주시기 바랍니다." 그리하여 모세가 백성들을 살 려 달라고 기도하였다. 주님께서 모세에게 말씀하셨다. "너는 불뱀을 만 들어 기둥 위에 달아 놓아라. 물린 사람은 누구든지 그것을 보면 살 것이 다." 그리하여 모세는 구리로 뱀을 만들어서 그것을 기둥 위에 달아 놓았 다. 뱀이 사람을 물었을 때에, 물린 사람은 구리로 만든 그 뱀을 쳐다보면 살아났다. (민 21:4~9)

‡‡ 묵상

주님, 우리는 불안해하면서도 계속 무언가를 원합니다. 무엇보다도 무언가를 통제하기를 원하고, 통제하는 존재가 되기를 원합니다. 이 통제에 대한 욕망으로 인해 다른 이를 증오하고 다른 이를 원망합니다. 형제를 위협하고, 연인을 통제하며, 경쟁자와 동료를 짓누르고 나와 다른 신념을 가진 이들을 증오합니다. 주님, 당신께서는 이런 우리를 아십니다. 당신께서 보내주시는 사랑의 시선을 받을 때, 당신께서 이런 우리를 껴안아 주실 때 그침 없이 우리를 불러주실 때, 우리는 욕망에 잠식된 우리를 알게 됩니다. 욕망에 사로잡힌 우리를 해방하소서. 우리를 돌이켜 주소서. 욕망에 짓눌린 우리를 끄집어내 주소서. 그리하여 우리 욕망의 참된 목적, 당신과의 교제로 우리를 인도해 주소서.

— 월터 브루그만

☰ 나의 묵상

✤ 나의 기도

✠ 성서정과

단 3:14~20, 24~25, 28 / 시 24:1~6 / 요 8:31~42

느부갓네살이 물었다. "사드락, 메삭, 아벳느고, 너희는 내가 세운 금신상 앞에 절을 하지 않고 내가 위하는 신을 섬기지 않았다니, 그게 사실이냐? 이제라도 나팔, 피리, 거문고, 사현금, 칠현금, 퉁소 등 갖가지 악기 소리 가 나는 대로 곧 엎드리어 내가 만든 신상 앞에 절할 마음이 없느냐? 절하 지 않으면 활활 타는 화덕 속에 던질 터인데, 그래도 좋으냐? 내 손에서 너희를 구해 줄 신이 과연 있겠느냐?" 사드락과 메삭과 아벳느고가 느부 갓네살 왕에게 대답했다. "저희는 임금님께서 물으시는 말씀에 대답할 마 음이 없습니다. 저희가 섬기는 주님께서 저희를 구해 주실 힘이 있으시면 임금님께서 소신들을 활활 타는 화덕에 집어넣으셔도 저희를 거기에서 구해 주실 것입니다. 비록 그렇게 되지 않더라도 저희는 임금님의 신을 섬기거나 임금님께서 세우신 금신상 앞에 절할 수 없습니다." 느부갓네살 은 사드락과 메삭과 아벳느고의 말을 듣고는 금방 안색이 달라지며 노기 에 차서 화덕의 불을 여느 때보다 일곱 배나 뜨겁게 지피도록 하고, 군인 들 가운데서도 힘센 장정들을 뽑아 사드락과 메삭과 아벳느고를 묶어 활 활 타는 화덕에 집어넣으라고 명하였다. (단 3:14-20)

⊞ 묵상

주님, 저는 당신께서 합당한 이유로 저를 버리실까 두렵습니다. 당신께서 언제나 당신을 저버리지 않도록 저에게 은총을 베풀어 돕지 않으시면, 제 힘과 보잘것없는 덕으로는 거의 아무것도 성취할 수 없음을 저는 알고 있습니다. 제가 제 자신에 대해 이렇게 생각하는 순간만이라도 당신께 버림받지 않기를 바랍니다. 주님, 당신을 완전히 저버린다는 것은 불가능한 일입니다. 그러면서도 저는 수없이 당신을 저버렸으니 두려워할 수 밖에 없습니다. 당신이 저에게서 조금만 물러나셔도 저는 즉시 땅에 넘어집니다. 제가 당신을 저버렸는데도 당신께서는 완전히 저를 내치지 않으시고 언제나 다시 오셔서 손을 내미시어 저를 일으켜주셨습니다.

— 아빌라의 테레사

⊞ 나의 묵상

⟡ 나의 기도

🕮 성서정과

창 17:3-9 / 시 105:4-9 / 요 8:51-59

주님을 찾고, 그의 능력을 힘써 사모하고, 언제나 그의 얼굴을 찾아 예배
하여라. 주님께서 이루신 놀라운 일을 기억하여라. 그 이적을 기억하고,
내리신 판단을 생각하여라. 그의 종, 아브라함의 자손아, 그가 택하신 야
곱의 자손아! 그가 바로 우리의 주님이시다. 그가 온 세상을 다스리신다.
그는, 맺으신 언약을 영원히 기억하신다. 그가 허락하신 약속이 자손 수
천 대에 이루어지도록 기억하신다. 그것은 곧 아브라함과 맺으신 언약이
요, 이삭에게 하신 맹세요, 야곱에게 세워 주신 율례요, 이스라엘에게 지
켜 주실 영원한 언약이다. (시 105:4~10)

‡‡ 묵상

우리 삶을 이루는 많은 부분은 명시적이든 암시적이든 약속과 헌신
을 신뢰함으로써 지탱됩니다. 결혼, 사업, 법, 우정 등이 그 대표적인
예지요. 세례를 통한 주님과의 언약, 주님과 맺은 언약에 대한 우리의
응답도 이와 같습니다. 성령은 창조주께서 하신 이러한 약속의 중심
을 이루십니다. 성령은 다가올 것의 첫 열매이시며 창조주께서 주시
는 담보입니다. 그분께서는 성령으로 당신께서 약속하신 미래를 일
구십니다. 믿음 안에 산다는 것은 이 약속을 믿고 바라는 것입니다.

이는 다양한 식으로 표현됩니다. 그분의 나라, 모든 이를 위한 공의, 사랑 안에서 주님의 얼굴을 맞대고 뵙는 것, 다른 이와의 교제 등. 우리는 성령 안에서 삶으로써 주님께서 당신의 약속을 실현하시는 드라마에 초대받습니다.

— 데이비드 F. 포드

✝ 나의 묵상

✤ 나의 기도

🕮 성서정과

렘 20:10~13 / 시 18:1~6 / 요 10:31~42

이 때에 유대 사람들이 다시 돌을 들어서 예수를 치려고 하였다. 예수께서 그들에게 말씀하셨다. "내가 아버지의 권능을 힘입어서, 선한 일을 많이 하여 너희에게 보여 주었는데, 그 가운데서 어떤 일로 나를 돌로 치려고 하느냐?" 유대 사람들이 대답하였다. "우리가 당신을 돌로 치려고 하는 것은, 선한 일을 하였기 때문이 아니라, 신을 모독하였기 때문이오. 당신은 사람이면서, 자기를 신이라고 하였소." 예수께서 그들에게 말씀하셨다. "너희의 율법에, '내가 너희를 신들이라고 하였다' 하는 말이 기록되어 있지 않으냐? 아버지의 말씀을 받은 사람들을 그분께서 신이라고 하셨다. 또 성경은 폐하지 못한다. 그런데 아버지께서 거룩하게 하여 세상에 보내신 사람이, 자기를 그분의 아들이라고 한 말을 가지고, 너희는 그가 주님을 모독한다고 하느냐? 내가 내 아버지의 일을 하지 아니하거든, 나를 믿지 말아라." (요 10:31~37)

╫ 묵상

누가 마음이 깨끗한 사람입니까? 자신의 마음을 예수에게 온전히 드리기 때문에 오직 예수가 마음을 다스리는 이, 자신의 악만이 아니라 자신의 선으로도 마음을 더럽히지 않는 이입니다. 깨끗한 마음이란

선악을 모르는 어린아이의 순전한 마음, 타락하기 전 아담의 마음, 양심이 아니라 예수의 뜻에 지배되는 마음입니다. 자신의 선과 악, 자신의 마음을 포기하는 이, 그렇게 회개하는 이, 오직 예수만을 의지하는 이의 마음은 예수의 말씀으로 말미암아 깨끗합니다. 이런 사람은 더러운 마음이 전혀 없으며, 온갖 소원과 의도 때문에 이리저리 흔들리지 않습니다. 그의 마음은 전적으로 거룩하신 아버지를 바라봅니다. 예수 그리스도의 모습을 비추는 마음을 가진 이는 거룩하신 창조주를 보게 될 것입니다.

— 디트리히 본회퍼

⚶ 나의 묵상

✠ 나의 기도

⛪ 성서정과

겔 37:21~28 / 시 121 / 요 11:45~57

마리아에게 왔다가 예수께서 하신 일을 본 유대 사람들 가운데서 많은 사람이 예수를 믿게 되었다. 그러나 그 가운데 몇몇 사람은 바리새파 사람들에게 가서, 예수가 하신 일을 그들에게 알렸다. 그래서 대제사장들과 바리새파 사람들은 공의회를 소집하여 말하였다. "이 사람이 표징을 많이 행하고 있으니, 어떻게 하면 좋겠습니까? 이 사람을 그대로 두면 모두 그를 믿게 될 것이요, 그렇게 되면 로마 사람들이 와서 우리의 땅과 민족을 약탈할 것입니다." 그 가운데 한 사람으로서, 그 해의 대제사장인 가야바가 그들에게 말하였다. "당신들은 아무것도 모르오. 한 사람이 백성을 위하여 죽어서 민족 전체가 망하지 않는 것이, 당신들에게 유익하다는 것을 생각하지 못하고 있소." 이 말은, 가야바가 자기 생각으로 한 것이 아니라, 그 해의 대제사장으로서, 예수가 민족을 위하여 죽으실 것을 예언한 것이니, 민족을 위할 뿐만 아니라, 흩어져 있는 아버지의 자녀를 한데 모아서 하나가 되게 하기 위하여 죽으실 것을 예언한 것이다. 그들은 그 날로부터 예수를 죽이려고 모의하였다. (요 11:45~53)

⚜ 묵상

주님께서 좋아하시는 것은 진정함입니다. 주님의 눈에 진정성이 결

여된 꾸며낸 거짓 인격보다 더 끔찍한 것은 없습니다. 주님은 사람의 진짜 얼굴을 찾으십니다. 사람이 그분의 나라에 들어가려면 새로 태어나야 합니다. 예배 의식만으로는 부족합니다. 새 마음이, 전적으로 새 존재가 필요합니다. 존재의 변화를 통해서, 즉 존재의 차원에서 변화되어 새로 태어나야 합니다. 그렇게 되면 우리는 자기 자신에게 매여 살기를 그만두고, 자기 마음속에서 말씀하시는 주님의 목소리에 귀를 기울이게 될 것입니다.

— 모리스 젱델

⚏ 나의 묵상

✦ 나의 기도

고난주간
(성주간)

✟ 성서정과

사 50:4~9상	사 50:4~9상	사 50:4~9상
시 31:9~16	시 31:9~16	시 31:9~16
빌 2:5~11	빌 2:5~11	빌 2:5~11
마 26:14~27:66	막 14:1~15:47	눅 22:14~23:56
(27:11~54)	(15:1~39(40~47))	(23:1~49)

예수께서 총독 앞에 서시니, 총독이 예수께 물었다. "당신이 유대인의 왕
이오?" 그러나 예수께서는 "당신이 그렇게 말하고 있소" 하고 말씀하셨
다. 예수께서는 대제사장들과 장로들이 고발하는 말에는 아무 대답도 하
지 않으셨다. 그 때에 빌라도가 예수께 말하였다. "사람들이 저렇게 여러
가지로 당신에게 불리한 증언을 하는데, 들리지 않소?" 예수께서 한 마디
도, 단 한 가지 고발에도 대답하지 않으시니, 총독은 매우 이상히 여겼다.
명절 때마다 총독이 무리가 원하는 죄수 하나를 놓아주는 관례가 있었
다. 그런데 그 때에 바라바라고 하는 소문난 죄수가 있었다. 무리가 모였
을 때에, 빌라도가 그들에게 말하였다. "여러분은, 내가 누구를 놓아주기
를 바라오? 바라바요? 그리스도라고 하는 예수요?" 빌라도는, 그들이 시
기하여 예수를 넘겨주었음을 알았던 것이다. 빌라도가 재판석에 앉아 있
을 때에, 그의 아내가 사람을 보내어 말을 전하였다. "당신은 그 옳은 사
람에게 아무 관여도 하지 마세요. 지난 밤 꿈에 내가 그 사람 때문에 몹
시 괴로웠어요." 그러나 대제사장들과 장로들은 무리를 구슬려서, 바라
바를 놓아달라고 하고, 예수를 죽이라고 요청하게 하였다. 총독이 그들에

게 물었다. "이 두 사람 가운데서, 누구를 놓아주기를 바라오?" 그들이 말하였다. "바라바요." 그 때에 빌라도가 그들에게 말하였다. "그러면 그리스도라고 하는 예수는, 나더러 어떻게 하라는 거요?" 그들이 모두 말하였다. "그를 십자가에 못박으시오." 빌라도가 말하였다. "정말 이 사람이 무슨 나쁜 일을 하였소?" 사람들이 더욱 큰 소리로 외쳤다. "십자가에 못박으시오." 빌라도는, 자기로서는 어찌할 도리가 없다는 것과 또 민란이 일어나려는 것을 보고, 물을 가져다가 무리 앞에서 손을 씻고 말하였다. "나는 이 사람의 피에 대하여 책임이 없으니, 여러분이 알아서 하시오." 그러자 온 백성이 대답하였다. "그 사람의 피를 우리와 우리 자손에게 돌리시오." 그래서 빌라도는 그들에게, 바라바는 놓아주고, 예수는 채찍질한 뒤에 십자가에 처형하라고 넘겨주었다. (마 27:11~26)

╬ 묵상

주님, 우리는 너무나 자주 당신의 방법이 아닌 우리가 원하는 방법으로 당신의 제자가 되려고 합니다. 너무나 자주 우리 자신의 계획을 인정해달라고 그것이 성공하게 해달라고 기도하면서 당신을 따르는 일보다 우리 자신이 가치 있다고 생각하는 목표를 추구합니다. 우리를 용서하시고 우리의 환상을 깨뜨려주시고 우리가 당신을 바라볼 때 세상의 눈으로 실패하고, 정죄당하고, 조롱당하고 고난받으시며, 죽임을 당하신 분으로만 보지 않게 하소서. 우리를 회복하시고 새롭게 하셔서 우리가 당신께 우리 자신을 드릴 수 있도록 도우시고 우리가

할 수 있는 것, 할 수 없는 것, 실패와 성공, 희망과 열망 그 모든 것을
내려놓고 성공을 온전히 당신께 맡겨드리고 당신께서 인도하는 곳으
로 따를 수 있기만을 갈망하게 하소서.

— 리처드 보컴

☷ 나의 묵상

_____

_____

_____

_____

_____

✦ 나의 기도

_____

_____

_____

_____

_____

⛪ 성서정과

사 42:1~9 / 시 36:5~11 / 히 9:11~15 / 요 12:1~11

유월절 엿새 전에, 예수께서 베다니에 가셨다. 그 곳은 예수께서 죽은 사람 가운데에 살리신 나사로가 사는 곳이다. 거기서 예수를 위하여 잔치를 베풀었는데, 마르다는 시중을 들고 있었고, 나사로는 식탁에서 예수와 함께 음식을 먹고 있는 사람 가운데 끼어 있었다. 그 때에 마리아가 매우 값진 순 나드 향유 한 근을 가져다가 예수의 발에 붓고, 자기 머리털로 그 발을 닦았다. 온 집 안에 향유 냄새가 가득 찼다. 예수의 제자 가운데 하나이며 장차 예수를 넘겨줄 가룟 유다가 말하였다. "이 향유를 삼백 데나리온에 팔아서 가난한 사람들에게 주지 않고, 왜 이렇게 낭비하는가?" 그가 이렇게 말한 것은, 가난한 사람을 생각해서가 아니다. 그는 도둑이어서 돈자루를 맡아 가지고 있으면서, 거기에 든 것을 훔쳐내곤 하였기 때문이다. 예수께서 말씀하셨다. "그대로 두어라. 그는 나의 장사 날에 쓰려고 간직한 것을 쓴 것이다. 가난한 사람들은 언제나 너희와 함께 있지만, 나는 언제나 너희와 함께 있는 것이 아니다." (요 12:1~8)

‡‡ 묵상

모든 사랑은 넘쳐흐르는 속성을 지닙니다. 사랑은 죽음을 넘어선 친밀함을 갈망케 합니다. 옥합이 깨지며 흘러넘치는 향유가 뿜어내는 풍성한 향기를 맡을 때 우리는 다시금 태초에 주님께서 지으신 사랑의 포도밭을 떠올리게 됩니다. 우리는 머뭇거리며, 그러나 그것이 무엇을 의미하는지 궁금해하며 한 걸음 발을 내딛습니다. 우리 한 사람한 사람은 고유의 넘치는, 망가진, 손상된, 잃어버린 사랑을 간직하고 있습니다. 이 사랑을 가지고 나아가면 예수는 그 모든 사랑을 받아들입니다. 그뿐 아니라 그는 이 모든 사랑을 자신의 수난을 여는 필수적인 요소로 삼습니다. 이는 새로운 일이며 경이로운 일입니다.

— 새라 코클리

♱ 나의 묵상

✦ 나의 기도

🕮 성서정과

사 49:1~7 / 시 71:1~14 / 고전 1:18-31 / 요 12:20-36

"지금 내 마음이 괴로우니, 무슨 말을 하여야 할까? '아버지, 이 시간을 벗어나게 하여 주십시오' 하고 말할까? 아니다. 나는 바로 이 일 때문에 이 때에 왔다. 아버지, 아버지의 이름을 영광스럽게 드러내십시오." 그 때에 하늘에서 소리가 들려 왔다. "내가 이미 영광되게 하였고, 앞으로도 영광되게 하겠다." 거기에 서서 듣고 있던 무리 가운데서 더러는 천둥이 울렸다고 하고, 또 더러는 천사가 그에게 말하였다고 하였다. 예수께서 대답하셨다. "이 소리가 난 것은, 나를 위해서가 아니라 너희를 위해서이다. 지금은 이 세상이 심판을 받을 때이다. 이제는 이 세상의 통치자가 쫓겨날 것이다. 내가 땅에서 들려서 올라갈 때에, 나는 모든 사람을 내게로 이끌어 올 것이다." 이것은 예수께서 자기가 당하실 죽음이 어떠한 것인지를 암시하려고 하신 말씀이다.(요 12:27~33)

╫ 묵상

주님, 우리 곁에 머물러 주소서. 낮이나 밤이나 우리 곁에 머물러 주소서. 우리가 원하는 것은, 우리가 좋아하고 즐기는 고양된 감정 속에서 당신의 신실하신 임재를 느끼는 것이 아닙니다. 우리는 당신이 언제나 우리 곁에 계심을 믿습니다. 당신은 마지막까지 우리와 함께 계실 것입니다. 당신의 죽음의 쓴잔을 비워야 하는 마지막 순간까지도 함께 계실 것입니다. 당신이 우리와 함께 계십니다. 그것으로 충분합니다. 우리 곁에 머물러 주소서. 그것이 우리의 간구입니다. 당신의 거룩한 영, 당신을 경외하는 영, 참회의 영, 겸손의 영으로 함께 하소서. 우리의 죄로 인해 거룩하신 당신의 영광을 더럽힐까 두려워하는 순결한 영으로 함께하소서. 믿음의 영, 기도를 사랑하는 영, 이 세상과 우리의 시간 속에서 당신의 복음과 당신의 나라를 위해 용기를 내고 책임을 다하는 영, 관대함과 담대함의 영으로 함께하시며, 당신의 거룩한 십자가를 사랑할 수 있는 은혜를 주소서.

— 칼 라너

✝ 나의 묵상

✠ 나의 기도

🕮 성서정과

사 50:4~9상 / 시 70 / 히 12:1~3 / 요 13:21~32

그러므로 이렇게 구름 떼와 같이 수많은 증인이 우리를 둘러싸고 있으니,
우리도 갖가지 무거운 짐과 얽매는 죄를 벗어버리고, 우리 앞에 놓인 달
음질을 참으면서 달려갑시다. 믿음의 창시자요 완성자이신 예수를 바라
봅시다. 그는 자기 앞에 놓여 있는 기쁨을 내다보고서, 부끄러움을 마음
에 두지 않으시고, 십자가를 참으셨습니다. 그리하여 그는 거룩하신 아버
지의 보좌 오른쪽에 앉으셨습니다. 자기에 대한 죄인들의 이러한 반항을
참아내신 분을 생각하십시오. 그리하면 여러분은 낙심하여 지치는 일이
없을 것입니다. (히 12:1~3)

‡ 묵상

당신의 앎을 따라 살지 말고, 당신의 앎을 뛰어넘으십시오. 무지 속으
로 뛰어드십시오. 무지야말로 올바른 앎입니다. 당신이 어디로 가는
지를 모르는 것, 이것이야말로 당신이 어디로 가는지를 아는 것입니
다. 주님에 관한 앎은 당신을 완전히 무지하게 만듭니다. 보십시오,
이것이야말로 십자가의 길입니다. 당신은 그 길을 발견할 수 없습니
다. 주님이 소경인 당신을 인도하셔야 합니다. 당신을 인도하는 이는
당신도, 어떤 인간도, 어떤 피조물도 아닙니다. 주님이 영과 말씀을

통해 친히 당신을 인도하실 것입니다. 당신의 업적, 당신이 생각한 고난, 당신의 선택, 당신의 생각과 욕망을 거슬러 당신에게 다가오시는 분이 당신을 인도하실 것입니다. 그분은 외치십니다. "나를 따르라."

— 마르틴 루터

⛪ 나의 묵상

_____

_____

_____

_____

_____

✠ 나의 기도

_____

_____

_____

_____

_____

🕮 성서정과

출 12:1~14 / 시 116:1~2, 12~19 / 고전 11:23~26 / 요 13:1~17, 31하~35

내가 여러분에게 전해 준 것은 주님으로부터 전해 받은 것입니다. 곧 주 예수께서 잡히시던 밤에, 빵을 들어서 감사를 드리신 다음에, 떼시고 말씀하셨습니다. "이것은 너희를 위하는 내 몸이다. 이것을 행하여 나를 기억하여라." 식후에, 잔도 이와 같이 하시고서, 말씀하셨습니다. "이 잔은 내 피로 세운 새 언약이다. 너희가 마실 때마다 이것을 행하여, 나를 기억하여라." 그러므로 여러분이 이 빵을 먹고 이 잔을 마실 때마다, 주님의 죽으심을 그가 오실 때까지 선포하는 것입니다. (고전 11:23~26)

╫ 묵상

성찬은 예수께서 자신을 기억하고 생각하라고 우리에게 친히 가르치신 방식입니다. 성찬은 무엇보다도 우리가 육체적, 심리적, 정서적, 영적 필요를 주님 앞에, 우리의 모든 바람을 아시는 주님 앞에 내어놓을 수 있는 자리이기도 합니다. 마지막으로, 성찬은 우리가 다름 아닌 그리스도의 백성으로서, 굶주린 자들은 물론이고 절박한 필요에 처한 사람들을 대신해 나오는 자리입니다. 예수께서는 온갖 부류의 사람과 더불어 잔치를 즐기시며 아버지 나라를 기념하셨습니다. 우리도 그렇게 해야 합니다. 성찬에 참여할 때, 자신이 직간접적으로 알거나 본 사람 중에, 문자 그대로든 은유적으로든 오늘 주님의 양식이 필요한 누군가를 머리와 가슴에 담고 나아오십시오. 이들과 함께 나아오십시오. 마음속으로 이들과 함께 제단 앞에 무릎을 꿇으십시오. 이들과 함께 빵과 포도주를 나누십시오. 그런 후에, 자신이 그 기도에 대한 주님의 응답이 되려면 어떻게 해야 하는지 물으십시오.

—톰 라이트

⏛ 나의 묵상

✤ 나의 기도

🕮 성서정과

사 52:13~53:12 / 시 22 / 히 10:16~25(4:14~16, 5:7~10) / 요 18:1~19:24(19:16 하~37)

"이제 나의 종은 할 일을 다 하였으니, 높이높이 솟아오르리라. 무리가 그를 보고 기막혀 했었지. 그의 몰골은 망가져 사람이라고 할 수가 없었고 인간의 모습은 찾아볼 수가 없었다. 이제 만방은 그를 보고 놀라지 않을 수 없고 제왕들조차 그 앞에서 입을 가리리라. 이런 일은 일찍이 눈으로 본 사람도 없고 귀로 들어본 사람도 없다." … 그를 찌른 것은 우리의 반역죄요, 그를 으스러뜨린 것은 우리의 악행이었다. 그 몸에 채찍을 맞음으로 우리를 성하게 해주었고 그 몸에 상처를 입음으로 우리의 병을 고쳐주었구나. 우리 모두 양처럼 길을 잃고 헤매며 제멋대로들 놀아났지만, 주께서 우리 모두의 죄악을 그에게 지우셨구나. 주께서 그를 때리고 찌르신 것은 뜻이 있어 하신 일이었다. 그 뜻을 따라 그는 자기의 생명을 속죄의 제물로 내놓았다. 그리하여 그는 후손을 보며 오래오래 살리라. 그의 손에서 주의 뜻이 이루어지리라. "그 극심하던 고통이 말끔히 가시고 떠오르는 빛을 보리라. 나의 종은 많은 사람의 죄악을 스스로 짊어짐으로써 그들이 떳떳한 시민으로 살게 될 줄을 알고 마음 흐뭇해 하리라. 나는 그로 하여금 민중을 자기 백성으로 삼고 대중을 전리품처럼 차지하게 하리라. 이는 그가 자기 목숨을 내던져 죽었기 때문이다. 반역자의 하나처럼 그 속에 끼여 많은 사람의 죄를 짊어지고 그 반역자들을 용서해 달라고 기도했기 때문이다."(사 52:13-15, 53:5-6, 10-12)

⸭ 묵상

우리가 주님이 기적을 일으켜 우리 삶의 모든 고통을 없애주기만을 바라는 한, 세상의 조롱과 박해는 계속될 것입니다. 그럴 만합니다. 두통을 없애는 데는 기도보다는 값싼 알약 하나가 훨씬 효과적이기 때문입니다. 우리가 종교에 이러한 알약을 기대하는 한, 사소한 일 때문이든 중요한 일이든 우리가 그러한 알약과 알약의 효과를 바란다면 우리는 결코 십자가의 신비를 이해할 수 없을 것입니다. 우리가 계속 거기에 머무르는 한 사도 바울이 초기 그리스도교인들을 향해 말했듯 십자가는 "유대 사람에게는 거리낌이고 이방 사람에게는 어리석은 일"(고전 1:23)로 남을 것입니다. 종교의 도움만을 구하는 "유대 사람" 같은 이들, 쉽고 명쾌한 설명만을 찾는 "이방 사람" 같은 이들에게 십자가는 거리낌이며 어리석음일 수밖에 없습니다. 십자가는 다시금 우리를 이 길에 데려다 놓습니다. 교회는 무언가를 시험하고 토론하는 길이 아닌, 조용하고 굳건하게 한 발 한 발 그리스도를, 느리지만 돌이킬 수 없는 길로, 고통을 향해, 십자가를 향해, 죽음을 향해 가시는 그리스도를 천천히 따르는 길로 우리를 초대합니다.

— 알렉산더 슈메만

🏛 나의 묵상

✦ 나의 기도

🕮 성서정과

욥 14:1~14 / 시 31:1~4, 15~16 / 벧전 4:1~8 / 마 27:57~66

🕮 성서정과

날이 저물었을 때에, 아리마대 출신으로 요셉이라고 하는 한 부자가 왔다. 그도 역시 예수의 제자이다. 이 사람이 빌라도에게 가서, 예수의 시신을 내어 달라고 청하니, 빌라도가 내어 주라고 명령하였다. 그래서 요셉은 예수의 시신을 가져다가, 깨끗한 삼베로 싸서, 바위를 뚫어서 만든 자기의 새 무덤에 모신 다음에, 무덤 어귀에다가 큰 돌을 굴려 놓고 갔다. 거기 무덤 맞은편에는 막달라 마리아와 다른 마리아가 앉아 있었다. 이튿날 곧 예비일 다음날에, 대제사장들과 바리새파 사람들이 빌라도에게 몰려가서 말하였다. "각하, 세상을 미혹하던 그 사람이 살아 있을 때에 사흘 뒤에 자기가 살아날 것이라고 말한 것을, 우리가 기억하고 있습니다. 그러니 사흘째 되는 날까지는, 무덤을 단단히 지키라고 명령해 주십시오. 혹시 그의 제자들이 와서, 시체를 훔쳐 가고서는, 백성에게는 '그가 죽은 사람들 가운데서 살아났다' 하고 말할지도 모릅니다. 그렇게 되면, 이번 속임수는 처음 것보다 더 나쁜 영향을 미칠 것입니다." 빌라도가 그들에게 말하였다. "경비병을 내줄 터이니, 물러가서 재주껏 지키시오." 그들은 물러가서 그 돌을 봉인하고, 경비병을 두어서 무덤을 단단히 지켰다.

(마 27:57~66)

♯ 묵상

완성의 시간이 오면,

우리는 모두 깜짝 놀라게 될 것입니다.

그야말로 모든 것이 우리가 생각했던 것과는

완전히 다를 테니까요.

그러나 바로 이렇게 완전히 다른 것이

지금까지 우리의 존재 양식과 너무나 가깝고

또한 잘 어울리기 때문에 크게 놀랄 것입니다.

나의 영과 나의 육신은 나의 구원자이신 주님 안에서

기뻐 날뛸 것입니다.

주님의 영원 안에서는 시간도

우리에게 별다른 영향을 주지 못하기에,

우리가 정신적인 차원에서 개인의 완성이라고 부르던 것과

부활이라고 부르던 것 사이에 어떤 차이가 있느냐는 질문은

제게 그다지 중요한 문제는 아닙니다.

오, 주님, 저는 인내와 소망으로 기다립니다.

앞을 볼 수 없는 사람, 그러나 곧 빛이 떠오르리라는

약속을 받은 사람처럼 기다립니다.

죽은 자의 부활, 육신의 부활을 저는 기다립니다.

— 칼 라너

Ⅲ 나의 묵상

✦ 나의 기도

부활절

✳ 성서정과

행 10:34~43
시 118:1~2, 14~24
골 3:1~4
마 28:1~10

행 10:34~43
시 118:1~2, 14~24
고전 15:1~11
막 16:1~8

행 10:34~43
시 118:1~2, 14~24
고전 15:19~26
눅 24:1~12

안식일이 지나고, 이레의 첫 날 동틀 무렵에, 막달라 마리아와 다른 마리아가 무덤을 보러 갔다. 그런데 갑자기 큰 지진이 일어났다. 주님의 한 천사가 하늘에서 내려와 무덤에 다가와서, 그 돌을 굴려 내고, 그 돌 위에 앉았다. 그 천사의 모습은 번개와 같았고, 그의 옷은 눈과 같이 희었다. 지키던 사람들은 천사를 보고 두려워서 떨었고, 죽은 사람처럼 되었다. 천사가 여자들에게 말하였다. "두려워하지 말아라. 나는, 너희가 십자가에 달리신 예수를 찾는 줄 안다. 그는 여기에 계시지 않다. 그가 말씀하신 대로, 그는 살아나셨다. 와서 그가 누워 계시던 곳을 보아라. 그리고 빨리 가서 제자들에게 전하기를, 그는 죽은 사람들 가운데서 살아 나셔서, 그들보다 먼저 갈릴리로 가시니, 그들은 거기서 그를 뵙게 될 것이라고 하여라. 이것이 내가 너희에게 하는 말이다." 여자들은 무서움과 큰 기쁨이 엇갈려서, 급히 무덤을 떠나, 이 소식을 그의 제자들에게 전하려고 달려갔다. 그런데 갑자기 예수께서 여자들과 마주쳐서 "평안하냐?" 하고 말씀하셨다. 여자들은 다가가서, 그의 발을 붙잡고, 그에게 절을 하였다. 그 때에 예수께서 그 여자들에게 말씀하셨다. "무서워하지 말아라.

가서, 나의 형제들에게 갈릴리로 가라고 전하여라. 그러면, 거기에서 그들이 나를 만날 것이다." (마 28:1~10)

✳ 묵상

우리 삶의 의미는, 우리가 창조주가 아님을 인식하며 증명하는 것입니다. 그리하여 우리는 주님 곁에서 죽으니, 그분은 영원한 생명이시기 때문입니다. 그러니 죽음을 통하지 않고서는 우리는 저 영원한 생명에 접촉할 수 없습니다. 우리 삶 속의 죽음은 삶을 초과하는 것을 우리가 만진다는 보증입니다. 죽음은 우리 삶에 경의를 표하는 것이며, 창조주의 옥좌 앞에서 드리는 흠모의 예식입니다. 삶은 창조주 안에서 피어나리라는 약속을 품고, 순순히 이 세상에서 시들어 갑니다. 그리하여 피조물은 주님 곁에서 죽고 주님 곁에서 부활합니다. 우리는 빛 속으로 떼지어 몰려가고, 비틀거리며 이끌려 갑니다. 아무도 가까이 갈 수 없는 불이 우리를 사로잡습니다. 우리는 불꽃 속으로 떨어지고, 남김없이 태워집니다. 그러나 불꽃은 우리를 죽이지 못하니, 빛으로 바뀌어 우리 안에서 사랑으로 타오릅니다. 우리 안에 사는 그것, 우리 안에 중심으로 자리 잡은 그것, 우리를 살게 하는 그것, 우리를 채우고 먹이고, 우리를 사로잡고, 우리를 겉옷처럼 입는 그것, 우리 영혼에게 하나의 신체 조직처럼 필요한 그것이 무엇인지를 사랑은 더욱 깊이 압니다. 그 모든 것은 우리 안에 계신 주님이십니다.

— 한스 우르스 폰 발타사르

나의 묵상

나의 기도

주여, 우리를 구원하소서

– 사순절기와 부활절을 위한 기도노트

초판 발행 ｜ 2023년 2월 3일

지은이 ｜ 비아 편집부

발행처 ｜ 비아
발행인 ｜ 이길호
편집인 ｜ 이현은
편   집 ｜ 민경찬 · 황윤하
제   작 ｜ 김진식 · 김진현 · 이난영
재   무 ｜ 강상원 · 이남구 · 김규리
마케팅 ｜ 김미성
디자인 ｜ 민경찬 · 손승우

출판등록 ｜ 2020년 7월 14일 제2020-000187호
주   소 ｜ 서울시 강남구 봉은사로 442 75th Avenue 빌딩 7층
주문전화 ｜ 02-590-9842
팩   스 ｜ 02-395-0251
이메일 ｜ viapublisher@gmail.com

ISBN ｜ 979-11-92769-07-3 03230
저작권 ⓒ 2023 ㈜타임교육C&P